Walter Hornbach

Meditatives Fahrradfahren

Auf dem Weg nach Avignon

„Meditationstechniken werden als Hilfsmittel verstanden, einen vom Alltagsbewusstsein unterschiedenen Bewusstseinszustand zu üben, in dem das gegenwärtige Erleben im Vordergrund steht, frei von gewohntem Denken, vor allem von Bewertungen und von der subjektiven Bedeutung der Vergangenheit (Erinnerungen) und der Zukunft (Pläne, Ängste usw.). Viele Meditationstechniken sollen helfen, einen Bewusstseinszustand zu erreichen, in dem äußerst klares hellwaches Gewahrsein und tiefste Entspannung gleichzeitig möglich sind."

Man kann die Meditationstechniken grob in zwei Gruppen einteilen:

- In die *passive (kontemplative) Meditation,* die im stillen Sitzen praktiziert wird und
- Die *aktive Meditation,* bei der körperliche Bewegung, achtsames Handeln oder lautes Rezitieren zur Meditationspraxis gehören.

Die Einteilung bezieht sich nur auf die äußere Form. Beide Meditationsformen können geistig sowohl aktive Aufmerksamkeitslenkung als auch passives Loslassen und Geschehenlassen beinhalten."

St. Wikipedia (20.Jhd.)

„Genau!"
Unbekannter Autor (2016)

Vorgeschichte

Kleine Erläuterung warum, wieso und weshalb

Seit mehr als zwei Jahrzehnten habe ich an einer *„Sonderschule für Erziehungshilfe"*, in Zukunft *„Bildungs- und Beratungszentrum für Schüler mit emotionalen und sozialen Problemen"*, gearbeitet.

Das hat ein wenig an meinen Nerven gezehrt. Man könnte sich nun überlegen, ob es die Kinder waren, die Kollegen oder die Schulleitung, aber das Ergebnis ist das Gleiche, ich hatte das Gefühl ich müsste etwas loslassen! Sprich, die Arbeit oder wenigstens die erwerbsmäßige Arbeit.

Aber ich befinde mich ja – immer noch – im Schwabenländle, genauer gesagt, zwar ziemlich nahe der Grenze zwischen schwäbischem und badischem Schwarzwald, aber das nützt auch nichts, denn im Lehrerstand hat die Schwäbisierung längst Einzug gehalten:

Ein fleißiger, pädagogisch verantwortungsvoller Lehrer, macht der so etwas? Mit 63, zwei Jahre vor der Pflichtgrenze, die Segel streichen und sagen, das war's, ich glaube das ist genug, ich kann jetzt gehen und dann mach ich das auch. Das bisschen Geld, das sie mir dafür abziehen, kann ich verschmerzen.

Mit solchen und ähnlichen Gedanken beschäftigte ich mich schon eine Weile und hatte mich dann irgendwann entschlossen, es tatsächlich in die Tat umzusetzen: Mit 63 in den Ruhestand zu gehen!

„Ja, was machst du denn dann?"

„Ich gehe vierzehn Tage Fahrradfahren, den Kanal *„Rhin au Rhône"* entlang, nach Süden, mal sehen wie weit ich komme", rutschte es mir eher so heraus, als ich das einmal wieder gefragt wurde. Ich träumte schon länger von einer Fahrradtour nach Frankreich und das war eine der möglichen Strecken, die ich mir schon einige Male auf Google angesehen hatte.

Und kaum gesagt, stellte sich bei mir tatsächlich die angenehmen Vorstellungen eines leichten Dahingleitens ein, fern der Heimat, losgelöst von Zeit und Raum, also gewissermaßen ein entspanntes Vor-Sich-Hinfahren, auch anders als bei uns vor der Haustüre, nämlich eher eben, also geradezu meditativ.

Als ich das dann tatsächlich ernsthaft ins Auge fasste, war schnell klar, wann ich das machen würde: Am besten, wenn die andern wieder arbeiten gingen, dann war ich schon mal aus dem Weg, denn Elvira hatte ja noch fünf Jahre vor sich, an derselben Schule.

Fahrradfahren, Fahrräder und Fahrradfahrer

Das Fahrradfahren ist ja gewissermaßen eine nicht ganz rational nachvollziehbare Angelegenheit, wenigstens bei uns im Schwarzwald, vielleicht aber auch anderswo. Zumindest als Fortbewegungsmittel, könnte man meinen.

Trotzdem gibt es ja eine nicht gerade geringe Zahl von Zeitgenossen auch im Schwarzwald, die diesem Drang, sich auf die verschiedensten Drahtgestell zu begeben, sich den Hintern zu malträtieren, sich Genickschmerzen einzuhandeln und ähnliches mehr, zwar oft selbst nicht ganz erklären können, es aber trotzdem tun. Und auf die hat es dann auch eine ganze Reihe wunderlicher Auswirkungen. Das trifft auch auf mich zu, weshalb ich mich schon in frühester Jugend auf die verschiedensten Fahrräder schwang und glücklich in der Gegend herumkurvte.

Das erste war ein altes Herrenrad, das im Keller stand und von niemandem mehr genutzt wurde. Da ich zu klein war, um meine Beine über die Querstange zu bekommen, stieg ich mit dem rechten Bein durch die Öffnung über den Pedalen und kurvte als bald zügig auf unserem Hof herum. Trotzdem musste natürlich ein eigenes Fahrrad her. Anders, als heute, wo man mit zwei Jahren schon ein Lauffahrrad bekommt, ohne Bremse!, mit vier dann ein Minifahrrad mit mindestens sieben Gängen, gefolgt von einer ganzen Reihe von altersmäßigen nutzungsspezifischen Rädern, Mountainbikes, Auf-der-Stelle-Hüpfräder, Auf-das–Hinterrad-steh-Räder", „Bergab-Räder", „Bergauf-Räder", „Rennräder", usw., hatte ich mit sieben nämlich immer noch kein Rad, weshalb ich dann einer befreundeten Familie ein mittelgroßes Kinderfahrrad abschwatzte. Obwohl ich mich heute in der Erinnerung dabei eines irgendwie gearteten peinlichen Gefühls nicht erwehren kann, war ich damals anscheinend, was das betrifft, entschieden hartgesottener. Es fuhr, es sah nicht schlecht aus, das war Begründung genug. Also das war mein erstes Fahrrad. Dann bekam ich mit ungefähr acht oder neun Jahren tatsächlich ein eigenes, neues, von meinen Eltern geschenkt, sicher ohne Gangschaltung. Obwohl die saarländisch-pfälzische Hügellandschaft, zu der Sankt Ingbert gehört, wo ich die ersten 12 Jahre meines Lebens verbrachte, auch nicht ganz ohne war, genügte es aber.

Mit dem fuhr ich dann auch noch nach unserem Umzug in einen Vorort von Saarlouis ins Gymnasium, 8 km hin und wieder zurück.

Als ich 15 war, wurde das straßentaugliche Rennrad, also mit Schutzblechen und Gepäckträger, erfunden, so eins wollte ich!

Meine Mutter hielt das aber für absolut unnötig, was sollte man denn vor allem mit den vielen Gängen, wenn es drei auch taten? Also bekam ich auch keins!

Ich war aber fest entschlossen und verdiente mir das Anschaffungskapital, indem ich in den Wald arbeiten ging.

Als Sohn eines Forstmeisters hatte ich es leicht, zu einem Ferienjob zu kommen, im Wald wurden immer Hilfen gebraucht, nur musste dann dort tatsächlich relativ hart gearbeitet werden, z.T. sogar im Stücklohn. Meist wurde ich von meiner Schwester oder einem Freund unterstützt. So strichen wir frisch gepflanzte Nadelbäumchen mit einem schwarzen, stinkenden Teerzeug an, gegen Wildverbiss, entasteten Bäume bis auf eine Höhe von ca. einem Meter fünfzig, natürlich mit der Handsäge, säuberten Bachläufe von hineingefallenen Ästen oder pflanzten sogar kleine Fichten.

Das ging folgendermaßen vor sich: Wir bekamen einen Eimer mit ca. 50 Pflänzchen ausgehändigt und dazu eine Doppelhacke, auf der einen Seite eine axtartige Schneide und auf der anderen eine herzförmige Hacke. Man schlug also zuerst mit der Axt und dann mit der Hacke in den Boden und zwar so, dass eine kreuzartige Öffnung entstand, die dann mit dem Spatenteil aufgeklappt wurde. Dort hinein steckte man das Pflänzchen und trat es rundherum mit dem Stiefel fest. Fertig.

Nach den Ferien hatte ich mir das Geld für das Fahrrad glaube ich redlich verdient und war dann bald darauf der stolze Besitzer eines Straßenrenners.

Mit dem konnte man natürlich wunderbar in der Gegend herum radeln, mal mit tiefen, mal mit hohem Lenker, wie wir die Lenkstange nannten, je nachdem, ob wir gerade sportlich oder „rockermäßig" drauf waren. Denn mit dem ein oder anderen Vorläuferfilm von „Easy Rider" waren auch Mitte der sechziger Jahre die ersten Motorräder mit Hochlenker im Saarland gesichtet worden und hatten bei uns Jungs einen nachhaltigen, aber auch durchaus heftig diskutierten Eindruck, hinterlassen.

Für etwas materialraubendere Gelegenheiten hatten wir dann noch unsere alten Räder. Im Stadtpark hinter unserem Haus spielten wir Fahrradfangen, was natürlich nicht ohne Blessuren an Armen und Beinen, sowie Felgen, Schutzblechen und Gepäckträgern, abging. An den letzteren, den Gepäckträgern, konnte man den, den man gerade verfolgte, gut festhalten, um ihm anschließend einen kräftigen Schlag zu verpassen.

Es folgten im Lauf der Jahre noch einige andere Räder von kürzerer oder längerer Lebensdauer. Bei einem Werbefahrrad des „Stern" knickte mir einmal die Sattelstütze während der Fahrt nach hinten ab, ich hatte plötzlich das Gefühl irgendwie zu weit hinten zu sitzen, woraufhin ich auf die weiter Nutzung dieser „günstigen Gelegenheit" lieber verzichtete.

Schließlich schafften wir uns für die Schule dann vor ca. 15 Jahren einige Fahrräder der Marke „Steppenwolf" an, sinnigerweise, bei unserem Loßburger Händler Mischa Kalmbach, worauf wir kurzerhand auch einige für die Kollegen privat mitbestellten. Das fahre ich jetzt immer noch.

Das ursprüngliche Mountainbike mit Straßenausrüstung, Schutzblechen und Gepäckträger, habe ich allerdings altersgemäß leicht verändert. So habe ich wegen der immer öfter auftretenden Genickschmerzen zunächst den geraden Mountainbike-Lenker durch einen mehr geschwungenen und das kurze Zwischenstück gegen ein höheres ausgetauscht und wegen des ebenfalls immer öfter aufgetretenen tauben Gefühls in den edlen

Körperteilen auch schon mehrere Sättel durchprobiert. Selbstredend kam ein breiter Gehlsattel nicht in Frage, ersten schwitzt man darauf und zweitens, wie sieht das denn aus?

So tut´s nun ein nicht ganz so dünnes, aber doch gerade noch als Männersattel identifizierbares Exemplar. Vorne nicht ganz so lang und spitz und hinten nicht ganz so hart und etwas abgepolstert.

Da ich mich ja doch eher nur sporadisch aufs Fahrrad schwinge, dank anderer zeitraubender Hobbys, wie zum Beispiel mit dem Schubkarren über die Wiesen sprinten und Pferdeäpfel aufsammeln, und vielleicht auch wegen einer gewissen Hemmschwelle, die rein geographisch sozusagen vor unserer Haustür beginnt, blieb es bei dem einen Rad, das einfach für alle Gelegenheiten herhalten muss.

„Vor unserer Haustür" bedeutet, dass zwischen der Haustür in Wälde „Am Wald", das sind die 10 Häuser, die dem Teilort vorgelagert sind, und Loßburg, unserm Hauptort und 26 Jahre Ort meiner Arbeitsstelle, ein Höhenunterschied von fast 300 m auf 3 km zu überwinden sind. In die andere Richtung sieht es so ähnlich aus, man muss, um aus unserem Tälchen, dem Heimbachtal, herauszukommen, immer den Berg hoch klettern.

Also ein Fahrrad für alles, mit 26er Felgen und 24 Gängen immerhin, was ich erst neulich bemerkte, als ich mal nachzählte. Und keine drei bis vier Fahrräder, für jede Gelegenheit ein spezielles. Für eingefleischte Vielfahrer ist das vielleicht Sparen am falschen Fleck, aber bis jetzt habe ich ja auch noch keine Felgen durchgebremst, keine Kette abgefahren und keine Schaltung zum Rauswerfen der Zahnräder genötigt.

Auch meine Kleidung ist eher spartanisch. Zwar habe ich mir im Laufe der Jahre doch mal einige Funktionshemden gekauft, weil ich dachte, vielleicht findet sich dann auch die Zeit zum Joggen, was sich aber als Irrtum herausgestellt hat. Doch dieses Ausstaffieren mit dem entsprechenden Radfahrerdress liegt mir fern, ist mir auch irgendwie fremd. Es soll ja ein paar Fahrer geben, die tatsächlich schon einmal am Schwarzwald Ultra Marathon teilgenommen haben, wie mein Freund Walter, ca. 5000 Höhenmeter auf 250 km an einem Tag, da find ich es ja noch nachvollziehbar, wenn man sich mit einem „SUM-Trikot" gewandet, „SUM" für „Schwarzwald Ultra Marathon", aber sonst? Wie wenn man Teil weiß-Gott für einer Mannschaft wäre.

Auch verschiedene Fahrradhosen nenne ich mein eigen, aber die ziehe ich auch lieber unter eine kurze Hose an, da sind auch mehr Taschen dran. Und Klick-Schuhe habe ich natürlich keine, das ist mir zu gefährlich, gleich wie ökonomisch das vom Kraftaufwand auch sein mag.

Also steht einer Tour theoretisch nichts mehr im Wege.

Letzte Schultage und Rentnerferien

Das letzte Schuljahr näherte sich also irgendwann unweigerlich dem Ende und die viel besprochen Fahrradtour kam immer näher. Aus diesem Grund kaufte ich mir nun doch noch ein Paar Gepäcktaschen für vorne, samt dazu gehörendem Träger, und brachte noch ein Paar Hörner an der Lenkstange an, um mehr Griffvarianten zu haben.

Auf die Frage: „Ja, ganz alleine, und wie weit denn?", antwortet ich, je näher der Starttermin kam, immer öfter: „Ach, ich seh mal, wie weit ich komme und wie lange ich es mit mir aushalte."

Dann Verabschiedungen, letzter Schultag, Foto auf dem Pausenhof, ich zuerst alleine mit Selbstauslöser, um die richtige Entfernung herauszubekommen, dann mit den Kollegen zusammen und das war's dann. Wir aßen nochmal Brezeln zusammen, ich drückte alle und verdrückte mich dann doch relativ schnell, kletterte auf meinen Schlepper, mit dem ich zur Feier des letzten Tages angereist war, und machte mich von dannen.

Aus, fertig, vorbei. 26 Jahre, ein viertel Jahrhundert, lange Vormittage, Pausenaufsichten, Stress, Ärger mit den Schülern, Anspannung, fertig werden wollen, Schullandheime, Fahrradtouren, Deutsch, Englisch, Mathe, früher Bio, Erdkunde, Geschichte, seit ein paar Jahren, WZG, MNT und WAG. usw. Sport, Schwimmen, Schwimmbäder, Kunst, endlose Sitzungen, Vorschläge, Fortbildungen, Sonderaktionen, Sonderaufgaben, gemeinsame Mittagessen, einsame Pausen im Klassenzimmer, einfach Ruhe haben, Empörung über Schüler und Kollegen, sich lustig machen, Witzeleien und Gelächter, ruhig mit der Klasse vor sich hinarbeiten, Noten, Noten, Noten, Zeugnisse, weinende und lachende Gesichter und weiter, immer weiter.

Ich fuhr nach Hause und machte mir zunächst mal noch einen Kaffee und setzte mich raus auf den Balkon, ohne zu verstehen.

Die großen Ferien fingen an.

Am 15. August waren Elvira und ich in Freudenstadt einkaufen, als eine Bildnachricht auf das Handy kam, die wir nicht aufmachen konnten. Fieberhaft versuchten wir zurück zu rufen und endlich!! Sie war da, Lilli. Kati und ihr Mann Andy hatten eine Tochter bekommen, in den frühen Morgenstunden war es endlich soweit. Alles ging gut. Andy machte Kati noch eine Portion Spaghetti, weil sie ohne etwas zu essen nicht nach Hause gehen durfte und dann fuhren sie auch schon heim. Unterwegs verschickten sie das erste Foto und wir waren fassungslos und glücklich. Alles gut gegangen. Gott-sei-Dank.

Wir füllten noch einige Tage mit Kleinigkeiten, Wanderungen, Gartenarbeiten, und fuhren dann mit unserem Uralt-Wohnwagen doch noch ein paar Tage weg, an die Donau, nach Hausen im Tal.

Und dann noch eine Woche und Elvira ging schon wieder auf die ersten Konferenzen und ich blieb zu Hause und machte die letzten Vorbereitungen. Es konnte losgehen.

Marie hatte ja, als sie von meinem Vorhaben hörte, gemeint, da könnte sie doch ein paar Tage mitfahren, was ich natürlich toll gefunden hätte, aber sie wollte nun doch lieber endlich ihre Hausarbeit über „Schopenhauers Begriff der Gelassenheit" fertigschreiben, also würde ich tatsächlich alleine losziehen.

Ich hatte mich natürlich auch bei *Wetter.de* nach dem Wetter erkundigt, in Ostfrankreich sollte es in der nächsten Woche zwar bedeckt, aber trocken sein, im übrigen Frankreich allerdings eher Regen. Ich beschloss trotz der nicht ganz so guten Aussicht am Samstag loszufahren und den Start nicht zu verschieben. Ich wusste sowieso nicht, wie ich das hätte aushalten sollen und Elvira wünschte sich wohl auch nichts anderes, als dass ich mich endlich davon machte. Die letzten Wochen war ich ihren Äußerungen zu Folge sowieso nur noch teilweise anwesend.

Erster Tag, 12. September, Samstag

Natürlich hatte ich tausendmal die Strecke angeschaut, aufgeschrieben und die Etappen ungefähr festgelegt. Ich hatte Packlisten erstellt, mir sogar noch ein Adressbüchlein gekauft und Google-Map Auszüge ausgedruckt. Ich hatte eine Karte von Nordfrankreich eingepackt und einige Male versucht anhand der verschiedenen Taschen das Gewicht des Gepäcks zu errechnen. Als ich dann aber am Samstag, den 12. September, die vier Taschen vorne und hinten angebracht hatte, wobei ich schon merkte, dass ich mit der Befestigung der Vorderradtaschen bestimmt noch meine Freude haben würde, dann auch Isomatte und Gepäcksack mit Zelt, Regensachen und Schlafsack hinten drauf geschnallt waren, wog das Gepäck samt Lenkertäschchen für das allernotwendigste, wie Geldbeutel, Foto, kleinere Werkzeuge, Taschentücher usw. fast 25 kg. Ich hatte das zwar wie gesagt auch schon vorher ausgerechnet, aber am Rad machte das dann doch einen anderen Eindruck.

Mich überkamen kurz gewisse Zweifel, ob das nicht doch etwas zu viel sei, schob die aber schnell zur Seite, drückte und küsste Elvira nochmal, ließ mich ein, zwei Mal fotografieren, schwang mich auf den Sattel, kurvte um unser Haus herum und rollte langsam über den Wiesenweg den Hügel zur Straße hinunter. Endlich los!

Der Wiesenweg mündet in die Landesstraße L 412 und diese führt dann zunächst nochmals zwei-, dreihundert Meter abwärts bis zum Talgrund. Ich ließ es rollen, bremste aber rasch wieder ab und fuhr etwas vorsichtiger weiter, weil das Rad sofort angefangen hatte vorne beträchtlich zu schlingern. Kurz überlegte ich mir, ob ich wieder umdrehen sollte, um die Hälfte des Gepäcks wieder auszuladen, ließ es aber und fuhr langsamer weiter.

Vor der Brücke im Dorf geht es rechts ab und dann gleich wieder links auf den Verbindungsweg zwischen Wälde und Betzweiler. Ich kam *Im Bohl* vorbei, radelte dort den kurzen Stich hoch und auf der anderen Seite wieder hinunter und war bald darauf in Betzweiler. Es ging schon besser. Man durfte keine raschen Bewegungen machen und sich auf dem Sattel umdrehen und nach hinten schauen war verboten! Das würde unweigerlich zu einem heftigen Seitschwenk führen, wie ich feststellte, der nur noch schwer abzufangen war.

In Betzweiler hieß es dann einen Kilometer steil und lang gezogen den Berg hinauf. Das Gewicht war beträchtlich. Mir war schon jetzt klar, dass ich hinter Chalon-sur-Saône nicht in die Berge Richtung Cluny fahren würde, wie ich es in Erwägung gezogen hatte. Ich wäre dann auch durch das Pilgerstädtchen *Taizé* mit seinem ökumenischen Communauté gekommen, darauf würde ich verzichten müssen, wenn ich überhaupt so weit käme. Ich würde schön unten an der Saône bleiben.

Aber vorerst war ich nach einer viertel Stunde Stöhnen, Schwitzen und der steten Überlegung, „steigste ab oder nicht", was ich natürlich heldenmütig unterließ, jetzt erst mal hinter Betzweiler und konnte es rollen lassen, sozusagen bis ans Mittelmeer.

Am Morgen vor dem Start

Die lange Strecke nach Alpirsbach hinunter war ich schon etwas mutiger und dosierte die Geschwindigkeit, so wie sie mir noch vertretbar erschien. Langsam stellte sich dann auch wirklich das Gefühl von Fahrtwind und Freiheit ein.

Das Wetter war einigermaßen gut, aber noch ziemlich kalt. Der Morgen strahlte eine Frische aus, wie ich sie mir erhofft hatte und die Welt lag vor mir.

Ich hatte Handschuhe an und die neue Softshelljacke, die sich recht schnell als gute Anschaffung herausstellte. Nicht zu dick, aber angenehm warm und winddicht und auch einigermaßen nässeunempfindlich. Darunter die ärmellose Jacke mit den vielen Taschen, die Elvira mir letztes Jahr gekauft hatte. Die sollte ich im Grunde die ganze Fahrt über anbehalten, genauso, wie eine kurze Hose, und eine Radel-Unterhose, gepolstert natürlich, auch eine Neuanschaffung! Losgefahren war ich mit der langen Version der Zipphose, ab elf Uhr aber, und auch für den Rest der Tour, kurz.

Dann, Schenkenzell, Schiltach, Wolfach, der Hintern machte sich so langsam bemerkbar, und Hausach. In Haslach steuerte ich die Innenstadt an, um mir einen Kaffee zu gönnen und ein belegtes Brötchen. Ich setzte mich an einen der Tische vor dem Kaffee. Ich befand mich in der Fußgängerzone, es war Markt und viele Leute kamen vorbei, mit und ohne Einkaufstaschen.

Stolz betrachtete ich mein Fahrrad, das gegenüber an der Wand lehnte, vorsorglich abgeschlossen, für den obligatorischen Toilettengang. Seht her, das ist mein Fahrrad mit allem was ich dabei habe, mit dem fahr ich jetzt nach Südfrankreich! Es hätte ein bisschen wärmer sein können, aber mir ging es gut!

Kurze Zeit später hielt ich kurz auf einer der zahlreichen Kinzig Überquerungen an und warf noch einen letzten Blick auf die Schwarzwaldberge zurück, machte ein paar Fotos und fuhr dann weiter Richtung Vogesen.

Um 14 Uhr 15 war ich bereits in Offenburg, wo ich hin wollte. Da ich auf die Idee gekommen war, ich könnte dort doch nochmal versuchen einen kleinen, faltbaren Sitzhocker zu bekommen, was ich bei der Planung zu spät angegangen hatte, ein bestelltes Exemplar war zu groß und zu sperrig gewesen, das hatte ich zu Hause gelassen, kurvte ich noch ein bisschen in der Gegend herum, fand zwei Outdoor- beziehungsweise Campinggeschäfte, aber es gab nichts Gescheites. Also wieder zurück in die Innenstadt und zum Gifizsee, zum Strandbad, meiner Übernachtungsadresse. Dort gibt es einen kleinen Jugendcampingplatz, auf dem ich hoffte eingelassen zu werden. Der Inhaber hatte auch weiter nichts an meinem Alter auszusetzen, und so fuhr ich bis zur hinteren Ecke, wo ich alleine war. Sonst gab es sowieso nur vorne einige Wohnmobile. Ich suchte mir ein Plätzchen neben dem Gebüsch zum See hin.

Der Himmel hatte sich in den letzten Stunden etwas zugezogen.

Blick zurück

Als erstes baute ich mein kleines Zelt auf. Wir hatten das vor einiger Zeit einmal als Wanderzelt gekauft, bisher aber noch nicht benutzt. Bei einem Aufbauversuch vor einigen Wochen, hatte ich zwar einige Zeit gebraucht, bis ich das Prinzip verstanden hatte, zwei Außenstangen werden eingefädelt, fünf Bodenheringe und zwei Spannseile im Boden verankert, fertig. Jetzt stand ich aber wieder vor diesem Mix aus Schlauch und Hundehütte, in etwa doppelter Schlafsackgröße und suchte doch wieder die vordere Einschuböffnung für die längere Stange. Nachdem ich sie schließlich gefunden hatte, ging es auch diesmal schnell. Unterdessen hatte es leicht angefangen zu tröpfeln! Ich breitete die selbstaufblasbare Isomatte aus, der man allerdings, wie ich auch schon ausprobiert hatte, doch noch ein wenig Luft einpusten musste, und legte meinen Schlafsack darauf. Dann packte ich meine auf dem Boden verstreuten Packtaschen ins Zelt und zog die beiden Reisverschlüsse zu. Einer verläuft am Boden entlang, eben wie bei einem Schlafsack und ein zweiter am vorderen breiteren und höheren Ende senkrecht auf den anderen zu. Unten am Zusammentreffen der beiden Reisverschlüsse werden sie mit einem Klettverschluss verschlossen. Dann machte mich auf den Weg zur Strandbadbar.

Ich war ja noch nie in einem der allseits so beliebten Ferienclubs, aber ich nehme mal an, so muss man sich das auch dort in etwa vorstellen. Die Bar hatte einen eher kleiner Innenraum, eine Mischung aus Baracke und Glaspalast. Drinnen gab es eine lange Selbstbedienungstheke, natürlich mit elektronischem Rufsystem in Form dieser Brummkreiselsirenen, die man mit zum Platz nimmt und die dann anfangen zu brummen und zu rotieren, wenn das Essen abgeholt werden kann. Außer einige Tische vor den Fenstern, fand man dann draußen das große Strandbadambiente: Bretterrostboden, Verträumte Sitznischen mit Palmen dazwischen, Festzeltgarnituren neben Plastiksesseln und ebensolchen Tischen. Und das ganze zum Baggersee hin ausgerichtet, eigentlich ganz nett. Ich suchte mir einen Platz unter einem größeren Schirm, denn es hatte zwar wieder aufgehört zu regnen, aber der Himmel verhieß nichts Gutes.

Dunkle Wolkenbänke schoben sich von Südwesten heran, teilweise von der untergehenden Sonne in mannigfaltige Rottöne getaucht, dazwischen aber noch Reste des blauen Himmels, geradezu spektakulär. Und es kam, wie es kommen musste, kaum hatte ich meine Bratwurst mit Holzfällerkartoffeln, nebst einem Bier geholt, fing es wieder an zu nieseln. Nichts ahnend genoss ich aber das leckere Abendessen unter dem großen Schirm, kalt war es noch nicht, und fühlte mich sauwohl. Ich beobachtet die um mich herumsitzenden Afterworkparty- und Feierabendkundschaft oder schaute ein wenig in das mitgenommene Kartenmaterial, um den nächsten Tag zu planen. Nachdem ich auch mein Bier getrunken hatte und es schon auf 9 Uhr zuging, machte ich mich auf den Rückweg zum Zelt am anderen Ende des Areals.

Unterwegs tröpfelte es sich so langsam ein. Ein richtiger Regen war es zwar noch nicht, aber immerhin schon etwas dickere Tropfen. Dort angekommen hatte ich den Einfall, doch zunächst einmal zu versuchen, ob ich und das Gepäck gemeinsam in dieses Minizelt passten, ohne dass die Außenwand berührt wurde. Denn das musste man natürlich tunlichst vermeiden, sonst würde ein etwas stärkerer Regen sicher gleich durch die Außenwand gehen. Ich öffnete also die beiden Reisverschlüsse so weit, dass ich mich hineinwälzen konnte. Drinnen blieb mir nichts anderes übrig, als mich auf alles drauf zu legen. Platz um die Taschen auf die Seite zu schieben gab es nämlich nicht. Es war zu eng. Ich lag also auf den Taschen, nicht gerade komfortabel und sinnierte ein wenig vor mich hin. Was anderes fiel mir zunächst nicht ein. Was nun, es war klar, so funktionierte das nicht. Gepäcktaschen und eine Person gemeinsam gingen da nicht hinein. Nur entweder ich oder das Gepäck. Folgerung: Das Gepäck musste raus. Nur wohin?

Der Platzwart hatte mir, als er mich einwies, die eine der beiden Türen des Toilettenhäuschens geöffnet, ich war ja dort hinten alleine. Drinnen waren lediglich eine Toilettenkabine und ein Waschbecken, also Platz für meine Taschen. Dort würde sie mir niemand stehlen. Ich schaffte sie also wieder raus und brachte sie rüber ins Toilettenhäuschen. Dann nahm ich das Tagebuch, das ich mir extra mitgenommen hatte, das Sudokuheft, das Buch, das ich gerade las, „Black Out" von Marc Elsberg, eigentlich nicht gerade die fröhliche Urlaubslektüre, eine Taschenlampe und noch etwas zum Süffeln und ging zu einem genialerweise unmittelbar daneben stehenden, überdachten Pavillon mit zwei Sitzgarnituren. Ich war gerettet.

Ein älteres Paar fuhr draußen mit dem Fahrrad am Zaun entlang. Sie sagte zu ihm:
„Brauchst kein Müsli machen."
Keine Reaktion.
Sie: „Hallo!"
Gebrummel.
„Brauchst kein Müsli machen!"
Erneutes Gebrummel.
Vorbei!
Ich schaute ihnen noch ein wenig hinterher.

Hier unten in der Rheinebene ist das einfach etwas anders mit dem Fahrradfahren. Es ist ein Fortbewegungsmittel. Bei uns im Schwarzwald ja fast nur ein Sportgerät. Wenigstens für die Erwachsenen. Oder jetzt durch die E-Bikes eben vermehrt eine Rentnerbeschäftigung.

Die heutige Strecke bin ich ja öfter mit Schülern gefahren. Das ging heute etwas schneller. Keine unvorhersehbaren, unerklärlichen Pannen, keine plötzlichen Erschöpfungszustände oder sonstigen Zwangspausen. Nur die eigenen.

Und auch die Nacht verlief einigermaßen störungsfrei.

Das Zelt mit dem Gepäck

Zweiter Tag, 13. September, Sonntag

Ich wachte gegen sieben Uhr auf, pellte mich aus meinem Schlafsack, ging aufs Klo, machte mich am Waschbecken ein wenig frisch und packte alles zusammen und trug es rüber zum Pavillon. Es regnete zwar gerade nicht, ich traute der Sache aber nicht. Ich machte mir Wasser heiß, für zwei Tassen Kaffee und verdrückte zwei Marmeladenbrote. Dann belud ich schnell das Fahrrad, es war immer noch genauso schwer, wie am Tag zuvor, und fuhr zum Ausgang. Ich gab den Schlüssel zurück, schob durch die Eingangspforte, stieg auf, kurvte um die Umkleidekabinen herum und ab, Richtung Frankreich. Das dürften jetzt noch so ungefähr 20 Kilometer sein.

Nach einigen Irrungen und Wirrungen - unter anderem stellte ich zum ersten Mal fest, dass man, wenn man nach dem Weg fragt, oft die Autoversion aufgetischt bekommt, obwohl man ja sehen konnte, dass ich mit dem Radl da war - dennoch kam ich endlich hinter dem Rheindamm an. Ein kurzes Stück nochmals nach Norden, Richtung Straßburg, dann ging es über den Damm hinüber und auf der anderen Seite auf der Straße zur Rheinbrücke hoch. Fünf Minuten später war ich oben und hielt in der Mitte der Brücke an. Ich war in Frankreich!

Mächtig schwamm der Rhein unter mir davon, ein einsames Lastschiff zog seine Bahn und in der Ferne waren einige Schiffe in einem Yachthafen angedockt. Ich schaute nochmal rauf und runter und überließ mich kurz dem „In die Fremde" – Gefühl. Immerhin war ja mein Französisch nicht gerade so, dass ich mich in Sicherheit wiegen konnte, dass das schon alles klappen würde. Es gab da schon gewisse Unsicherheitsfaktoren, über die ich nicht unbedingt näher nachdenken wollte. Aber mit „Ach, sehn wir mal!", hoffte ich doch ans Ziel zu gelangen. Das ist in einem solchen Fall wohl auch die beste Methode. Ich hockte mich also wieder auf meinen Drahtesel, rollte hinüber ans andere Ufer und schickte mich an, den Kanal zu suchen, den *Canal du Rhône au Rhin*, dem ich folgen wollte, bis ..., ja wie gesagt, mal sehen.

Ich kam noch am Rand von zwei Gemeinden vorbei, Graffenstaden und Eschau und bog nach Süden ab, dem Fahrradzeichen folgend, welcher Fahrradweg damit nun auch immer gemeint war. Ich hoffte es sei der, den ich suchte, und stand dann doch überrascht plötzlich auf einer kleinen Brücke, die ganz offensichtlich über einen Kanal führte.

Da war ich ja schon, das war er unzweifelhaft: „Mein" Kanal. Beglückt kurvte ich ein Rondell hinunter, das auf den geteerten Fahrradweg auf der rechten Seite des Kanals führte.

Eine absolut grüne Welt umgab mich. Riesige Platanen säumten den Weg, alt und wulstig sahen sie aus, mächtig dick und erhaben. Dahinter dichtes Gebüsch und links das grün schimmernde Gewässer.

Der Kanal *Rhône au Rhin*

Es ging geradeaus. Nieselregen hatte eingesetzt und in der Ferne wurden Kanal und Fahrradweg vom Gebüsch verschluckt. Ich strampelte vor mich hin. Bis jetzt genügte noch die Allwetterjacke, aber nach einiger Zeit fing es etwas stärker an zu nieseln und ich holte mir den Anorak raus. Es begann etwas anstrengend zu werden. Der Kanal war hier nicht sonderlich breit, hin und wieder begegnete man aber schon Motoryachten und Hausbooten. Die ersten Schleusen tauchten auf und führten den Radweg kurz hoch, am Schleusenwärterhäuschen vorbei und wieder hinunter.

In Plobsheim war ein kleiner Hafen und kurz danach tauchten links einige Wasserflächen auf, die sich wenig später als der Canal Decharge de l'Ille entpuppten, den der Rhône au Rhin einfach kreuzte.

Ich hatte eigentlich keine Ahnung, wie weit ich schon gefahren war und wie weit es nach Neuf Brisach, meinem heutigen Etappenziel, noch sein müsste. Es war auch schon kurz vor zwölf und eigentlich hätte ich gerne einen Kaffee getrunken. Deshalb fuhr ich beim nächsten Ort, Krafft hieß er, über die Brücke in die Ortsmitte und stand unvermittelt vor einem kleinen Gasthaus, dem *Restaurant de Flammkueche*, das schien mir doch ein Wink mit dem Zaunpfahl zu sein. Kurz entschlossen stellte ich mein Fahrrad davor ab und betrat das Innere. Wie ich mir gedacht hatte, war es eher eine Mischung aus Schnellimbiss und Gaststätte, aber das war mir Recht. Ich fragte, ob ich schon etwas zu essen bekommen könnte, was die junge Frau hinterm Dresen bejahte. Ich zog den nassen Anorak aus und hängte ihn an einen Haken, dann ging ich nochmal nach draußen, zog eine Plastiktüte über den Sattel und schloss das Rad ab. Die Bedienung musterte mich dabei etwas misstrauisch. Alter Knabe, mit altmodischen Klamotten, mit dem Fahrrad und zu viel Gepäck und nass noch dazu! Ob der bezahlen kann? Aber wahrscheinlich war das nur meine Interpretation und für sie war es noch früh, weil es gestern Abend spät geworden war. Aber eigentlich war sie ja doch ganz freundlich.

Jetzt redete sie aber mit jemand anderem in der Küche und sie amüsierten sich ein bisschen? Noch eine junge Frau. Sie kam kurz heraus, sagte „Hallo" und verschwand wieder. Hier gab es wohl doch noch nicht so viele Fahrradtouristen. Außerdem war es ja schon fast Herbst, Nachsaison, wie ich später noch des Öfteren feststellen sollte.

Egal, relativ bald kam der bestellte Flammkuchen, leider etwas zu weich, ich hatte einige Mühe ihn ohne Besteck sauber in den Mund zu bekommen. Aber der Kaffee schmeckte und ich betrachtete in aller Gemütsruhe mein Kartenmaterial. Allerdings musste ich feststellen, dass diese Google – Ausdrucke doch recht miserabel waren, es war nicht genau zu erkennen, welche Orte jetzt dort eigentlich verzeichnet waren und welche fehlten, wo man sich also eigentlich genau befand. Aber der Fahrradweg war ja gut ausgeschildert. Wie ich auf der ersten der vielen Hinweissäulen, an denen ich noch vorbeikommen sollte, erfahren hatte, war ich auf dem *Itineiraire Cyclable du Canal du Rhône au Rhin* mit den beiden Nummern 3 und 14. Unten drunter stand noch:

"800 KM DE LOISIRS, DE SPORT, DE COUVERTES!"

Wo die 800 Kilometer allerdings hingehen sollten war mir schleierhaft, bis zur Rhône waren es doch sicher nur 500 oder vielleicht ein bisschen mehr.

Nun sei´s wie sei, ich würde mir für den etwas größeren Überblick vielleicht doch noch eine überregionale Karte besorgen müssen.

Es hatte wieder aufgehört zu regnen, ich schnallte den Anorak hinten drauf und machte mich auf, zurück zum Kanal.

Das wurde nun am Nachmittag doch etwas spannender als gedacht. Die französischen Kanäle haben die Eigenschaft, wie soll es auch anders sein, dass sie immer relativ lange geradeaus gehen. Und irgendwann in der Ferne kommt dann vielleicht einmal eine kleine Kurve. Das ist nicht weiter schlimm, aber sie führen auch oft an den Orten vorbei, wo man dann auch zusätzlich neben den Fahrradwegzeichen, auf Straßenschilder schauen könnte, ob man auf der richtigen Spur ist. Kurz, am Nachmittag hätte dann doch irgendwann ein Hinweis auf Neuf Brisach kommen müssen. Aber es kam keiner. Wenigstens hinter Markoltsheim hätte doch etwas kommen müssen. Nichts!

Hatte ich beim Sortieren der Routenblätter etwas ausgelassen, war es vielleicht noch viel weiter, als ich gedacht hatte. Immerhin musste ich ja den ganzen Rhein runter, fast bis Mülhausen, Mulhouse.

Wenn man sich selbst verunsichern will, geht das ganz schnell.

Da hab ich doch bestimmt etwas vergessen, übersehen!

Nach kurzer Zeit war ich mir nahezu sicher. Ich würde fahren müssen bis in den Abend, in die Nacht! Tapfer strampelte ich weiter geradeaus und wartete auf die nächste Schilderparade. Und, ganz unverhofft und geradezu gar nicht mehr erwartet, stand da:

„*Neuf Brisach*
 16 km",

und ein abgeknickter Pfeil für rechts ab.

Und 20 Meter weiter, da war ein Kaffee! Direkt am Kanal.

Ich schob mein Fahrrad dort hin und stellte es an den Metallzaun, der hier den Kanal und den Fahrradweg samt dahinterliegendem Gartenkaffee voneinander trennten.
Da hatte sich jemand ein kleines Blumen- und Gartenparadies geschaffen. Schon am Kanal entlang Blumenbeete mit alten Fahrrädern und sonstigen Vehikeln verziert und daneben, hinter dem Kaffee, ging es durch eine überwucherte Pforte in einen geradezu verwunschenen kleinen Garten. Ich schritt einige Meter hinein, blieb stehen und schaute mich um, nicht zuletzt einfach froh, meine Route wieder gefunden zu haben oder zumindest die Gewissheit, dass ich nicht falsch war und dass es auch nicht viel weiter war, als gedacht.

Ich ging wieder nach vorne und setzte mich in ein großes Gartenzelt, das einen Teil der Kaffeeterasse überdachte und bestellte mir einen Kaffee. Der Wirt antwortete mir auf Elsässisch, er hatte offensichtlich mein Französisch verstanden. Ich trank einen köstlichen Kaffee und blätterte ein bisschen im Dictionnaire herum. Dann fuhr ich weiter.

Schleusenidyll

Die sechzehn Kilometer zogen sich dann noch ein wenig. Ich machte einen Schlenker über den Kanal und dann wieder Richtung Osten, vom Kanal weg zum Rhein hin.

Auf einer besseren Karte konnte ich später erkennen, dass es hier nur so von Kanälen wimmelt. Zunächst „meiner", der *Canal du Rhône au Rhin,* dann ein *Canal de Colmar,* der parallel, direkt neben dem *Rhône au Rhin* verläuft und später in den *Canal de Neuf Brisach* übergeht. Der fließt dann schließlich in einen *Grand Canal d´Alsace*. Meine vorherige Befürchtung „irgendwie nicht mehr richtig" zu sein, hätte also durchaus berechtigt sein können.

Die Gegend wurde jetzt recht eintönige: Kleine Ortschaften und Maisfelder. Und kleine Ortschaften und Maisfelder, immer im Wechsel, und immer schön auf und ab. Und dann begegnete ich nochmals dem typischen Elsässer, der einen dummen Deutschen in die falsche Richtung schickt. Oder vielleicht auch nur nicht versteht, dass der Deutsch da auf einem Fahrradweg weiter will und nicht die möglicherweise kürzere Straße benutzt. Auf jeden Fall fuhr ich, nachdem ich die Schilder an der Kreuzung mit einer Überlandstraße etwas missverständlich gefunden hatte, seiner Empfehlung nach weiter. Da ging es aber eigentlich nur im Kreis herum. Schließlich war ich auf einmal wieder dort, wo ich vorher schon war, nämlich an der Überlandstraße. Sicherheitshalber machte ich dasselbe Spiel nochmal, ob ich nicht etwas übersehen hatte, nein! Schließlich schlug ich die Richtung ein, von der ich am Anfang schon gemeint hatte, das könnte die richtige sein und gelangte dann tatsächlich wieder durch Maisfelder hindurch an die Stadtgrenze von Neuf Brisach. Und war freudig überrascht, weil es genauso aussah, wie ich es mir vorgestellt hatte, nämlich ähnlich wie Saarlouis, meine Heimatstadt im Saarland. Beides Festungsstädte, beide von Vauban unter Ludwig IV, Louis Quatorze, gebaut.

Ich durchfuhr die mächtigen Zitadellen und das Stadttor und kam geradeaus nach ca. 100 Metern zum genau quadratischen Marktplatz. Er war, wie erwartet, ca. 100 x 100 Meter groß mit dem obligatorischen Brunnen samt Brunnenfigur in der Mitte, einer Stele mit einer Bourbonenlilie als Wetterhahn. Umrahmt war das Ganze von Platanen und nicht wie in Saarlouis mit Autos zugestellt, sondern eine schöne große Freifläche. Um das Karree führt eine Einbahnstraße, auf die, wie in einem Schachbrettmuster, die Straßen zulaufen. Ich genoss die Ruhe des verschlafenen Städtchens und entdeckte schließlich auch ein Campingplatzzeichen, dessen Richtungspfeil um den Platz zeigte.

Nachdem ich den Platz zweimal umrundet hatte, fand ich schließlich auch die richtige Ausfallstraße und war wenig später auf dem Campingplatz, der zwischen den Zitadellen und der Reststadt auf einem Grünstreifen liegt.

Ich fuhr zur Rezeption und meldete mich an. Als ich mein Minizelt beschreiben wollte, fiel mein Blick nochmals auf die seltsamen Zelthütten, die ich bei der Einfahrt schon gesehen hatte:

Unten ein drei auf drei Meter großes kopfhohes Holzgestell, auf zwei Seiten durch leicht durchsichtige Gazeplanen verkleidet, wohl einigermaßen wasserdicht. Obendrauf eine ca. eins-fünfzig Meter hohe Zeltkonstruktion aus stabilem Zeltstoff.

In Erinnerung an die letzte Übernachtung und das Probleme mit dem Gepäck, das Wetter war zwar heute besser gewesen, aber man konnte ja nie wissen, fragte ich kurz entschlossen, was eine solche Behausung kostet. „15 € für eine und 20 € für zwei Personen", antwortete mir die Frau in der Rezeption. Ich war begeistert und sagte: „Je prends ca!".

Ich bezahlte, sie händigte mir den Schlüssel aus, ich packte mein Fahrrad und schob es hinüber zur ersten Hütte. Erfreut stellte ich fest, dass unten noch eine Tisch-Bank-Kombination stand, ich war glücklich.

Ich kletterte die Stiege hoch, öffnete das Hängeschloss, klappte die Falltür auf, befestigte sie an einem Haken und betrachtete den Innenraum des Zelts. In der Mitte lag eine große, einladende Matratze, mit genügend Platz drumherum für das Gepäck. Das war´s. Das genügte mir. Der Abend war gerettet. Außerdem: Prompt begann es noch während ich auf meinem Bänkchen unter der Zeltplattform saß an zu regnen. Ich hatte also den richtigen Riecher gehabt. Ich beschloss mich in Zukunft mehr nach solchen Behausungen umzusehen.

Der Markt in Neuf Brisach und Saarlouis:

Saarlouis, Neuf Brisach und Vauban

Neuf Brisach und Saarlouis wurden beide von Vauban, genauer Sébastien Le Prestre, im 17. Jahrhundert gebaut.

Sébastien Vauban Le Prestre, wie er sich selbst nach dem Dörfchen Vauban nannte, das sein Urgroßvater im Burgund gekauft hatte, lebte von 1633 bis 1707. Er war Festungsbaumeister unter dem französischen König Ludwig XIV. Er hat in Frankreich und dem heutigen Westdeutschland nicht weniger als 33 Festungen und Festungsstädte gebaut und war an über 150 Projekten beteiligt. Dafür legte er im Jahr manchmal über 5000 km mit der Kutsche zurück.

Sein Vater hatte sich durch das Pfropfen, also der Veredelung von Bäumen, auf seinem Landgut im Morvan, einem Mittelgebirgszug im Burgund, einen Namen gemacht. Den Sohn, den jungen Sebastien, zog es aber schon mit 18 Jahren zum Militär. Nachdem er an einigen Feldzügen teilgenommen hatte, entdeckte man sein mathematisches Talent und er wurde schon mit 22 Jahren zum „Ingenieur ordinaire du Roi".

Ab 1676 war er Generalkommissar aller französischen Festungen, gleichzeitig gelang es ihm, wie schon zuvor einige Male, für Frankreich im Krieg von Holland einen günstigen Frieden zu erstreiten, den Frieden von Nijmegen.

Er baute allerdings nicht nur Festungen, sondern zum Beispiel viele Kanäle oder auch den ersten Leuchtturm Frankreichs, in der Bretagne.

Er war wirklich ein vielseitig begabter Mann. Gegen Ende seines Lebens verfasste er noch anonym eine Denkschrift über eine Steuerreform, die er dann aber doch selbst dem König vortrug. Darin wurde vorgeschlagen, die Steuerlast, die bis dahin hauptsächlich die Bauern zu tragen hatten, durch einen Zehnten zu ersetzen, den alle, also auch der Adel, zu erstatten hätten. Er konnte sich damit aber nicht durchsetzen, sondern fiel beim König und dem hohen Adel immer mehr in Ungnade.

Sein Ansehen wurde erst von Napoleon rehabilitiert, einhundert Jahre später: Als zunächst sein Grab von Französischen Soldaten geplündert worden war, um aus den Bleisärgen Kugeln zu gießen, wurde eine Bleiurne mit seinem separat beerdigten Herz gefunden, die Napoleon dann in den Invalidendom überführen ließ. Und in einer Seitenkapelle wurde ihm dann dort ein Grabdenkmal errichtet.

Nur alleine an der Ostgrenze Frankreichs ließ er knapp 20 Festungen und Festungsstädte errichten, wovon viele heute in Deutschland liegen:

Bitch, Lothringen
Neu Breisach, Baden
Colmar, Elsass
Freiburg, Baden

Haguenau, Elsass
Landau, Rheinland-Pfalz
Lichtenberg, Elsass
Ford Louis in Lützelstein, Elsass
Festung Luxemburg
Metz, Lothringen
Mont Royal bei Traben-Trabach, Rheinland-Pfalz
Neuf Brisach, Elsass
Phalsbourg, Lothringen
Philippsburg, Baden
Saarlouis, Saarland,
Selestat, Elsass
Straßburg, Elsass
Toul, Meurthe-et-Moselle
Verdun, Lothringen

Neuf Brisach, 1699 bis 1703 erbaut, gilt als sein Hauptwerk und ist noch heute sehr gut erhalten. Das nahezu nach dem gleichen Plan 1680 erbaute Saarlouis, hatte allerdings nur einen sechseckigen Innengrundriss, anstatt des achteckigen von Neuf Brisach. Die Saarlouiser Festung wurde ab 1887 im Südosten geschleift, der Nordwesten ist aber auch noch gut erhalten.

Fahrradweg auf Französisch

Dritter Tag, 14. September, Montag

Kleine Ortschaften und Maisfelder. Am nächsten Tag ging es weiter, wie gehabt.
Doch zuerst das Frühstück. Noch funktionierte mein Uraltcampinggaskocher von Anno dazumal und machte mir ohne zu widersprechen Wasser für zwei Tassen Kaffee warm. Nach einem gemütlichen Frühstück mit Kaffee und Marmeladebrot hatte ich dann rasch mein Zeug gepackt und war gestartet. Es dauerte eine Weile, bis ich den Fahrradzeichen-Kreisverkehr um den Marktplatz kapiert hatte, ich musste den Weg, den ich gekommen war, ca. zwei Kilometer zurück, wieder zwischen den gleichen Kasematten hindurch und dann Richtung Algolsheim, also Richtung Osten, wo ich ja eigentlich gar nicht hin wollte. Bald darauf durfte ich aber gen Süden abbiegen und fand mich dann auch zwischen den schon angesprochenen Maisfeldern wieder, weitab vom Kanal.

Der Himmel war grau und verhieß nichts Gutes. Vogesen und Südschwarzwald rückten ziemlich nah zusammen und begleiteten mich in Richtung *Burgundische Pforte*. In Fessenheim hielt ich Ausschau nach dem verhassten Atomkraftwerk, da ich aber nicht wusste, wie es aussieht und auch sonst nichts kühlturmartiges entdecken konnte, kam eigentlich nur ein lang gestreckter weißer Kasten von der Größenordnung her in Frage. Mit einem leicht flauen Gefühl in der Magengegend radelte ich daran vorbei und war froh als bald die nächsten Felder die Sicht verdeckten. Ich fuhr am Morgen bis Ottmarsheim, immer noch war es trocken, und machte dort eine Vesperpause.

Danach irrte ich schon wieder drei Mal im Kreis herum bis ich den richtigen Weg aus dem Ort hinaus gefunden hatte. Es gab nur ein Fahrradzeichen ohne Richtungsangabe und Nummer, dem hatte ich zunächst nicht getraut, es gab aber kein anderes, also würde das wohl doch das Richtige sein. Nach nochmaligem intensivem Studium meiner dürftigen Karten, verließ ich also an der empfohlenen Stelle das Dorf und fand mich bald in einem großen Waldgebiet wieder, dem *Foret de la Hardt*, da musste ich durch, das war richtig.

Vorher hatte ich diese Ehrenrunden dazu benutzt, festzustellen, dass es in Frankreich an Tankstellen keine überregionalen Karten zu kaufen gibt, wenigstens in denen in Ottmarsheim nicht.

Es ging immer geradeaus durch den Wald bis zu einer Linkskurve und dann wieder geradeaus. Irgendwann fing es an zu tröpfeln und bald darauf an zu regnen. Ich zog meinen Anorak heraus, zog ihn an und fuhr weiter. Ich fand, nachdem ich eine Straße überquert hatte, endlich mal wieder ein Hinweisschild zum Kanal. Nach einer Schlaglochpiste, die in mir schon leichte Zweifel weckte, ob das richtig sein könnte, kam ich aber doch am Kanal raus, noch dazu auf

Fessenheim

einem wunderbar neuen Asphalt-Treidelsträßchen. Das dürfte wohl doch richtig sein. Frohgemut kam ich mit leichtem Rückenwind gut voran, beobachtete beglückt wieder einige Reiher und sonstiges Wassergetier.

Es hatte wieder aufgehört zu regnen. Ich durfte den Anorak wieder ausziehen.

Doch kurze Zeit später, gerademal nach vielleicht drei Kilometern, endete der Asphalt und ein Schotterbelag folgte. Bald darauf landete ich dann auch noch vor einer Eisenbahnbrücke. Der Weg endete hier auf einem Wendeplatz und führte als Trampelpfad weiter 15 Meter steil hoch zur Bahntrasse. Unten am Brückenpfeiler war kein Durchkommen. Das Wasser reichte bis an den Betonfuß.

Zu Fuß, das Rad ließ ich unten stehen, kletterte ich hoch und zwängte mich durch das Gebüsch bis zur Brücke vor. Die Bahntrasse war durch einen Zaun abgesperrt. Theoretisch konnte man auf einem Fußsteg am Geländer entlang schon auf die andere Seite gelangen. Ich entschied mich aber recht schnell, dass mir das zu gefährlich und zu ungewiss war. Auf der anderen Seite konnte ich nicht erkennen, ob ich dort halbwegs manierlich weiterkommen konnte.

Ich lief wieder runter zum Rad und fuhr zurück bis zum nächsten halbwegs vielversprechenden Weg, der links in den Wald führte. Den nahm ich. Zum Glück kam der an der Straße raus, die ich vorher überquert hatte. Auf der kam ich dann nach Mulhouse.

Schon wieder musste ich herumirren. Dort unten am Kanal musste doch irgendwo der Fahrradweg zu finden sein. Nichts! Wieder zurück und noch ein Versuch. Vielleicht war das ganze Stück von Ottmarsheim aus doch falsch gewesen.

Wieder kam eine Brücke, aber ohne Hinweis, dass es darüber ging. Ich drehte wieder um und fuhr ein Stück zurück. Dort war aber auch kein Ausweg zu finden. Ich drehte nochmals und fuhr doch über die Brücke. Ja, jetzt war es richtig! Da war ein Schild: „EV 6"!! *Euro Velo 6!* Ich hatte ihn gefunden! Meinen Fahrradweg Richtung Süden. Das hieß jetzt natürlich zunächst mal zwei drei Tage nach Westen und dann nach Süden.

Der *Euro Velo 6* geht vom Schwarzen Meer bis zum Atlantik und ist einer der Europaradwege. Hier stieß er auf den Rhein Weg, den ich herab gekommen war. Auf ihm wollte ich fahren bis ca. Chalon-sur-Saône.

Ich blieb jetzt links des Kanals, teilweise unterquerten wir breite Straßen wie durch einen Tunnel, und fand auf diesem Weg leicht aus Mulhouse hinaus.

Und dann ging es los. Anstatt jetzt zügig voran zu kommen, fing es wieder an zu regnen und Wind kam auf, immer heftigerer Gegenwind. Dann wieder die Sonne, aber der Wind blieb. Er blies von vorne, direkt gegen die Fahrtrichtung. Ich kam an einigen schönen Hausbooten vorbei, stieg ab und knipste sie. Eine kurze Pause.

Und weiter. Der Wind kam stellenweise so stark von vorne, dass ich fast stehen blieb und mich mit aller Kraft dagegenstemmte. Ich fuhr eine halbe Stunde und machte wieder eine Pause.

Und wieder weiter, immer am Kanal entlang.

Hausboote

Das war wieder mein Kanal. Der *Rhin au Rhône*. Vorher, nach Ottmarsheim, war ich mir gar nicht ganz sicher gewesen. Er schien mir so breit zu sein. Jetzt hatte er wieder die richtige Größe, ca. 20 Meter, immer wieder mit einer einspurigen Schleuse, der Gegenverkehr musste warten.

Aber der Wind. Er machte das Radeln zur Tortur.

Die nächste Pause bei Zillisheim. Ich schaue auf eine blaue Hubbrücke und dahinter auf einen mächtigen schlossartigen Bau, wohl eine Fortbildungseinrichtung, halb hinter den Bäumen verborgen.

Ich radle weiter. Ich fahre in ein Dorf hoch, auf der Suche nach einem Restaurant oder Salon de Tee, wo ich meinen Nachmittagskaffee bekommen könnte. Nichts. Wieder runter.

Irgendwann, im nirgendwo, ein verlassenes kleines Restaurant.

Daneben steht ein Schuppen. Unter seinem vorgezogenen Dach suche ich Schutz vor dem Wind. Der Laden einer Beladeluke lässt sich öffnen und ich kann mich etwas auf den Boden setzen. Dahinter der leere Innenraum. Ich überlege kurz, ob ich hier nicht nächtigen soll. Vielleicht ist es morgen besser. Irgendwie würde ich mich auch hier verköstigen können. Hauptsache nicht weiterradeln.

Nein, doch besser weiter. Ein Schild. Nur noch 5,5 Kilometer bis Dannemarie, meiner nächsten Station.

Meditation. Radelmeditation. Jetzt in der etwas zweckentfremdeten Version, wie man lange Meditationsphasen übersteht, wenn die Knie gar so wehtun: Man zählt.

Ich beginne zu zählen. Noch fünf Kilometer! 100, 200, 300, ... 1000...Ich konzentriere mich auf die Zahlen, um nicht durcheinander zu kommen. So geht´s.

Und dann bin ich endlich da. Dannemarie. Ich biege am Hafen vom Kanal ab und fahre zum Ort hoch. Ein hübsches kleines Städtchen. Beinahe windgeschützt. Über den Marktplatz gelange ich zu einem zweiten Platz, dort finde ich meine Pension. In Ermangelung eines Campingplatzes weit und breit, hatte ich schon zu Hause im Internet nach einer Herberge gesucht. Ich war fündig geworden: Die *Auberge Dietmann* hatte eine netten Empfehlung.

Ein älteres Einfamilienhaus, vielleicht schon aus den 20er bis 30er Jahren, vom Stil erinnert es mich an das Haus meiner Großeltern in St. Ingbert, daneben bis zu der Mauer des Nachbarhauses ein großes Holztor. Da hindurch geht es nach hinten, wohl in den Garten.

Ich stelle das Rad ab und klingele. Zunächst längere Zeit nichts!

Dann höre ich drinnen Schritte. Die Tür öffnet sich und vor mir steht ein großer, schlanker alter Mann, vielleicht so um die 80.

Er begrüßt mich freundlich zunächst auf Französisch, fragt dann aber mit elsässer Klang,

„Sie sprechen doch deutsch?"

Ich bejahe.

„Das können sie haben!"

Er fragt mich noch, woher ich die Adresse habe, ich sage aus dem Internet und dann gehen wir durch das Tor in einen überdachten Innenhof, dahinter der Garten, ca. 50 Meter lang.

Ich stelle mein Fahrrad an die Wand zum Nachbarhaus unter das Hofdach und folge ihm eine steile Stiege hoch in den ersten Stock. Das Haus ist nach hinten verlängert, parallel zum Hof, oben sind an einen Gang aufgereiht die Gästezimmer. Er zeigt mir mein Zimmer und erklärt mir gleich noch das Licht und wo Toilette und Bad sind, ein richtiges Bad, wahrscheinlich auch das seine. Wir klären noch das Finanzielle, etwas über 45 Euro, und das Frühstück und er geht wieder nach unten. Ich schleppe noch meine Taschen hoch und lasse mich auf den nächsten Stuhl fallen. Geschafft!

Am Abend gehe ich noch ins Städtchen und genehmige mir ein Abendessen in einer anderen Auberge, schön renoviert mit Sichtfachwerk und entsprechend antiker Inneneinrichtung, bei weitem aber nicht so gemütlich, wie mein 50er Jahre Gastzimmer mit dem alten Schrank, dem Metallbett und dem 08/15 Tisch und seinen beiden Holzstühlen.

Ich lasse mich auf das Hausessen ein, ohne genau zu wissen, was es ist, den Dictionnaire habe ich vergessen, und prompt sind es wieder Innereien, wohl saure Nierchen, aber ich finde es auch später im Lexikon nicht. Doch dafür, dass ich Innereien nicht mag, schmeckt es gar nicht so schlecht.

Meditation

Ich praktiziere seit zehn Jahren ungefähr Zen-Meditation:
Wir treffen uns einmal in der Woche mit einer kleinen Gruppe Übender bei meinem Freund Matthias in Freudenstadt, der ein kleines Zendo, einen Meditationsraum, eingerichtet hat. Wer will, kann drei ungefähr halbstündige Übungen des Sitzens in Stille praktizieren, dazwischen machen wir eine spezielle Gehmeditation, das Kinhin. Ich sitze in der Regel zwei Mal eine halbe Stunde. Das ist äußerst entspannend und entleert Geist und Psyche, einfach ausgedrückt. Wer nicht sonderlich buddhistisch angehaucht ist, wie ich, kann es auch als Kontemplationsübung bezeichnen, der christlichen Version oder nur als Sitzen.

Versenkungsübungen gibt es in sehr vielen Religionen, sie sind alle ähnlich. Bei vielen Indianerstämmen gibt es zum Beispiel die Visionssuche als spirituelle Praxis. Ob Vision oder Erleuchtung, gemein ist allen Zuständen, die von den verschiedenen Religionen oder Schulen als Ziel beschrieben werden, dass sie nur ohne Absicht erreicht werden können, was ja schon ein Widerspruch in sich ist. Vielleicht ist das auch der Kern der Übung.

Da sich der erwähnte Zustand, wie auch immer er geartet oder interpretiert wird, also nicht unbedingt von selbst einstellt, beziehungsweise der Alltag rüttelt, die Knie schmerzen, der Rücken zwickt, die Gedanken rennen, gibt es einige Hilfsübungen, auf dem Weg zum Nichts, zum aufmerksamen Da-Sein. Eine davon ist das Zählen. Ich atme und zähle.

Links oben mein Zimmer in Dannemarie, in der Auberge Dietmann

4. Tag, 13. September, Dienstag, Vormittag

Beim Frühstück politisierten wir ein wenig.

Ich saß alleine an einem großen Tisch in einem Art Aufenthaltsraum und schaute durch die Tür in die Küche. Dort werkelte der Alte zunächst herum, brachte mir Käse, Wurst, Marmelade und Honig, fragte ob ich Kaffee oder Tee wollte, „Kaffee!", und setzte sich dann, nachdem er mich bedient hatte, an den Küchentisch, hörte Radio und trank auch noch eine Tasse Kaffee. Dann kam er herüber und fragte mich nach der politischen Lage in Deutschland und der rasch anwachsenden Flüchtlingszahl. Das sei wohl ein großes Problem:

„Dass jetzt alle zu uns kommen, das geht doch nicht!"

Ich erwiderte, uns könne eigentlich nichts Besseres passieren, unsere Renten würden ja über kurz oder lange nicht mehr reichen, weil einfach der Nachwuchs fehlte. Er hörte sich das an und war offensichtlich nicht ganz abgeneigt, sich das zumindest ein wenig zu überlegen. Gegen Ende fragte er nochmals wohin ich wollte.

„Richtung Chalon, am Kanal und am Doubs entlang und dann weiter nach Süden, soweit ich komme."

„Das ist aber mutig."

Ich war etwas erstaunt über das „mutig", aber er fuhr gleich fort:

„Da geht's ja jetzt ein wenig hinauf, aber sie werden schon sehen!"

Ach deshalb vielleicht das „mutig", aber ich hatte keine Angst, ich kam ja aus dem Schwarzwald.

Ich packte und verabschiedete mich, vorher hatte er noch gemeint, das sei jetzt nett gewesen, vor allem, weil seine Frau gerade in Colmar sei, nach ihrer Mutter schauen. Das hatte ich auch gefunden, dass das Frühstück mit ihm nett war und sagte es auch zu ihm.

Ich spüre oft eine Art Respekt vor solch alten Männern, sie hatten es nicht mehr so eilig, sondern waren ganz gelassen, hatte schon gelernt, wie man sich als Rentner benimmt, auch ohne jahrzehntelange meditative Vorbereitung auf das Jenseits, das Nichts im Nirgendwo, einfach weil es jetzt gut war. Mein Lieblings-Alter ist immer noch der alte Medizinmann aus dem Film „Halbblut": Er sitzt mit zwei andern Männern in seinem alten Wohnwagen im *Pine Rich Reservat*, einem Brennpunkt der Auseinandersetzungen zwischen Ureinwohnern und US – Indianerbürokratie in den 70er Jahren. Die beiden sind gerade nicht gut aufeinander zu sprechen und er sagt sinngemäß zu den beiden Streithähnen, einem Indianerpolizisten und einem FBI – Agenten mit indianischen Wurzeln, von denen der aber gar nichts wusste oder nichts wissen will: „Hört auf zu streiten wie die Waschweiber, kommt, lasst uns ein wenig Fernsehen!" Vielleicht auch gute Medizin.

Fast oben

Ich durfte mir noch etwas von den Butterpäckchen und dem Käse einpacken, dann fuhr ich los.

Zuerst zum Super U, meine Uhr hatte einen Steg verloren, und die hatten tatsächlich in der Uhrenabteilung ein solches Teil und auch noch eine Frankreichkarte vom Nordosten. Jetzt wusste ich das auch, wo ich solche Karten herbekommen konnte.

Dann schlug ich den Weg nach Montbéliard ein. Das dürfte so ungefähr die Hälfte der heutigen Etappe sein.

Das Schicksal meinte es gnädig mit mir. Das Wetter war nur bedeckt und nur leicht regnerisch, das heißt es nieselte immer mal wieder, aber keine Orkanböen aus der Gegenrichtung. Man wird bescheiden.

Der Weg folgte wieder dem Kanal und bald tauchte auch die erste Schleuse auf. Die Aussage des Alten hatte mich nicht weiter beunruhigt, am Kanal entlang, wie sollte es da denn schon besonders hoch gehen. Aber das war eine Täuschung. Bald darauf folgte die zweite Schleuse, immer mit der entsprechenden Auffahrt zur maximalen Hubhöhe und schon nach weniger als einem Kilometer eine dritte und vierte und so weiter. Immer stetig den Berg hinauf. So wurde der Kanal auf einer Länge von ungefähr drei bis vier Kilometern mit Sicherheit 15 mal hochgelupft bis ich schließlich am höchsten Punkt angelangt war und es vorläufig wieder ohne Schleusen auf dem erreichten Horizont weiterging. Doch wer hätte das gedacht, einige Kilometer später ging es auf einmal wieder hinunter. Der Kanal wurde also hochgehoben und dann wieder abgesenkt. Wie ich später nachlas, wird am Scheitelpunkt dieser Schleusentreppe in der Nähe des kleinen Ortes Valdieu Lutran vom Flüsschen Largue Wasser in den Kanal abgeleitet, damit der nicht nach beiden Seiten leerläuft.

Davon wusste ich aber zunächst noch nichts, sondern folgte erstaunt diesem Wunder der Wassertechnik und gelangte nicht bald darauf nach Montbéliard, gewissermaßen der Schwesterstadt von Freudenstadt, meiner Kreisstadt.

Besuch

Montbéliard und Freudenstadt

Friedrich I. von Württemberg, geboren in den westrheinischen württembergischen Besitztümern, eben Montbéliard, damals noch Mömpelgard, wurde als Nachfolger seines trinkfreudigen und deshalb wohl zeugungsunfähigen Vorgängers Ludwig Ende des 16. und Anfang des 17. Jahrhunderts Herrscher über Württemberg. Er befand wohl, dass zwischen Stuttgart und Mömpelgard in der Mitte noch eine Residenz gebaut werden sollte: Freudenstadt. Sein Baumeister Schickhardt warnte ihn zwar vor dem „förchtig wilden Wald", musste sogar noch den herzoglichen und nicht den eigenen Plan umsetzen, tat es aber. Ansonsten wäre es ihm wahrscheinlich, wie der Hälfte der herzoglichen Alchimisten gegangen, die wegen Erfolglosigkeit beim Goldmachen hingerichtet wurden. Das wollte er wohl nicht riskieren. Nur zum geplanten Schloss auf dem deshalb so großen Marktplatz reichte es dem Herzog nicht mehr, er verstarb zu früh und seine Nachfolger hatten daran kein Interesse. Deshalb blieb Freudenstadt ohne Schloss, ist aber zumindest von der Gründung her eng mit Montbéliard verbunden.

Friedrich I. von Württemberg

Die ersten Jurafelsen (oben), Rechts der Doubs und links der Kanal (unten)

4. Tag, Nachmittag, von Mömpelgard bis Baumes les Dames,

Ich erklomm die Festung Mömpelgard/Montbéliard, weil ich fälschlicherweise oben das Stadtzentrum vermutete, dort fand ich aber nur eine riesige Militär- und Verwaltungsfestung, das ehemalige Arsenal, immerhin mit einem kleinen Schild, das wiederum auf Schickardt verwies.

Die modernen Kunstwerke, die sie davor aufgestellt hatten, hellblau angestrichen Plastikbehälter ohne ersichtliche Funktion, löchrige Kuben oder krakelige Metallkonstruktionen und Ähnliches rissen mich nun nicht gerade zu Begeisterungsstürmen hin, sodass ich wieder hinunterrollte und dann auch das Zentrum fand: Eine autolose Fußgängerzone mit schönen alten Häusern und natürlich einem netten Kaffee, in dem ich mir einen Kaffee genehmigte. Ich schob mein Rad dann noch ein wenig weiter, besorgte mir ein Sandwich und verspeiste es genüsslich an einem anderen kleinen Platz, nicht weit entfernt von einem Fernwanderer, der dort auch Rast machte. Wir grinsten uns ein wenig an und wünschten uns guten Appetit, blieben aber doch jeder für sich.

Das Wetter wurde nicht besser, aber bis jetzt war es immer noch leidlich trocken. Ich schwang mich also wieder auf mein Rad und nahm den Nachmittag in Angriff.

Der Kanal mäanderte so vor sich hin und bald darauf tauchte zunächst der Doubs auf, das Flüsschen, das sich durch das französische Jura schlängelt. Oft ging es nun zwischen beiden entlang, gewissermaßen auf dem Damm zwischen Doubs und Kanal, oder auf einer der beiden Seiten. Und bald darauf tauchten auf der linken Seite die ersten Jurafelsen auf, die oftmals direkt in das Wasser abstürzten. Es hätte wild malerisch gewesen sein können,
wenn das Wetter es zugelassen hätte. Aber so war das eher eine graue Angelegenheit.

Aber dennoch, es gab wieder viele Reiher, Ente und manchmal ein oder zwei Schwäne. Die Dörfer waren klein und verwinkelt mit netten Zentren, und natürlich dem ein oder anderen Lokal. Ich flüchtete vor dem wieder einsetzenden Geniesele in ein nettes Bistro an einem schönen Platz und genehmigte mir an der Bar noch einen Kaffee. Der Fernseher lief, die Männer des Dorfs, ein zwei Frauen waren auch dabei, genossen ihr Bier, elsässer Bier versteht sich. Feierabendbier konnte es noch nicht sein, dafür war es zu früh.

Zwanzig Minuten später saß ich wieder auf dem Rad. Es zog sich und es begann langsam etwas stärker zu regnen, aber noch nicht so sehr, dass ich den Anorak hätte anziehen müssen. Einige Zeit später ging es von Kanal und Doubs weg, links steil zwischen Büschen und Bäumen einen schmalen Pfad den steilen Hang hinauf. Ich schob. Ich hätte so gerne einen kleinen überdachten Platz, an dem ich nochmals eine kurze Pause machen könnte, um meine Baguette Reste zu verspeisen und etwas zu trinken. Bei dem Wetter machte das Radeln nicht wirklich Spaß.

Clerval am Doubs

Oben kam ich bei einem kleinen Ort raus, Roche les Clerval, vielleicht 20 Häuser. In der Mitte, am Felsabsturz zum Fluss hinunter, stand eine kleine, wohl romanische Dorfkirche, umgeben vom Friedhof. Von dessen Mauern aus hatte man einen wunderschönen Blick auf den Doubs, der sich zwischen den Jurafelsen hindurchwand. Manchmal gingen Fluss und Kanal auch ineinander über, das war wohl so eine Stelle. Aber kein trockenes Plätzchen zum Vespern war hier um die Kirche zu finden.

Ich schob das Fahrrad Richtung Ortsmitte, ca. 50 Meter weiter, und da stand sie: Die blaueste aller blauen Madonnen. Sie war einfach ganz blau angestrichen. Aber das fand ich wunderschön, denn dahinter erhob sich das alte überdachte Waschhaus des Dorfes, mit einer innen an der Wand um das Becken laufenden Bank: Mein Rastplatz! Auf der anderen Seite des Dorfsträßchens stand ein pittoreskes altes Bauernhaus, traufseitig zur Straße, mit einer Holzstiege, die zum umlaufenden Balkon des ersten Stocks hoch führte, wo anscheinend das Wohnstockwerk zu finden war. Und unter der Stiege lag ein alter Hofhund, der aber nur noch müde aus seinem Korb schaute und zu sagen schien:

„Hier ist es saubequem, lass dich nur nieder!"

Das tat ich auch.

Es hörte dann doch mal wieder auf zu regnen und ich fuhr weiter.

Bis Baumes les Dames, meinem heutigen Ziel, war es nicht mehr so weit. Ich musste zwar wieder ein bisschen meditativ zählen, mein rechtes Knie hatte angefangen weh zu tun, dafür war aber der Campingplatz schnell gefunden. Er lag etwas außerhalb, vielleicht 500 Meter am Fluss entlang.

Die Chalets waren mir zu teuer, frei war auch keins, also baute ich mal wieder mein Zelt auf.

Baume les Dames lag zwar schön am Fluss, war aber sonst enttäuschend, grau, eng, schmucklose Häuser, vielleicht färbte auch nur die etwas trübe Stimmung ab.

So kann man´s aushalten.

Meine blaue Madonna

Mir fiel ein, dass ich hier schon einmal mit Elvira gewesen war, aber offensichtlich hatte es keinen bleibenden Eindruck auf mich hinterlassen.

Ich suchte nach einem Restaurant, fand aber nichts Ansprechendes. Also fuhr ich zurück zum Campingplatz und setzte mir ein Tütensüppchen auf. Natürlich begann es dann auch noch wieder an zu regnen, das war mir aber vollkommen egal. Ich kochte meine Suppe weiter und ging dann zu einem Art Gemeinschaftshaus, das hatte ein großes Vordach, da konnte ich mich an einen der Tische setzen. Das Problem mit dem Gepäck hatte ich schon vorher so gelöst, dass ich es draußen vor dem Zelt aufgetürmt und mein Fahrradcape drübergelegt hatte. Das Ganze wurde dann noch mit einem Rätschengurt zusammengezogen. Das Cape war sowieso für nichts anderes gut, ich hatte es einmal kurz angezogen, als es stärker regnete, aber der Windwiderstand war gewaltig. Also hatte ich es wieder eingepackt und der Anorak ließ sowieso keine Wünsche offen.

So konnte ich in Ruhe zu Abend essen und mit Sudoku, Buch und zwei Dosen Bier noch einen entspannten Abend verbringen.

Wand mit Walter und Wasserflasche

5. Tag, 16.September, Mittwoch

Als ich erwachte und hinausschaute empfing mich ein grauer Himmel. Noch grauer als gestern, wenn das noch möglich war. Und es regnete. Immerhin hatte der Wind nachgelassen. Ich packte mein Zeug zusammen und brachte es hinüber zu dem Vordach, wo ich schon den Abend verbracht hatte. Dort verteilte ich es ein wenig, damit es trocknen konnte, vor allem das Zelt, und machte mir mein Frühstück.

Dann packte ich zusammen und wartete, dass es aufhörte zu regnen.

Tat es aber nicht.

Schließlich wurde mir die Sache zu lange, ich zog meinen Anorak an und startete.

Nach einer Stunde nasser Strampelei flüchtete ich kurz unter das Vordach eines Umkleidehäuschens neben einem Sportplatz und machte eine kleine Pause. Mit viel gutem Willen konnte man erahnen, dass es im Westen etwas heller wurde. Eine nasse Krähe leistete mir auf dem nächsten Baumwipfel Gesellschaft.

Wieder eine Stunde später komme ich an einem überdachten Rastplatz vorbei, auf dessen Tisch drei Teelichter stehen. Ich halte, setze mich mit meiner Wasserflasche an den Tisch, zünde die drei Kerzchen an und denk ein bisschen vor mich hin. Das kann man gut, wenn man alleine unterwegs ist.

Der 5. Tag, der 4. Tag Regen und Gegenwind, zwar nicht so doll wie gestern, aber immerhin. Vielleicht war's doch die falsche Jahreszeit und die falsche Himmelsrichtung.

Fünf-Minuten Andacht

Aber die Jahreszeit war nun mal vorherbestimmt, der Start ins neue Schuljahr. Und die Himmelrichtung? Das war die einzige halbwegs manierliche Richtung nach Süden, ohne über die Alpen zu müssen. Also alles richtig.

Auf jeden Fall verliert man bei einer solchen Übung dann doch irgendwann das Jammern und Klagen, es ist eben so und dann fährt man halt weiter, so gut es geht.

Kurze Zeit später bemerkte ich, dass ich noch etwas anderes verloren hatte, eine von meinen zwei Wasserflaschen war weg, ich musste sie dort stehen gelassen haben.

Kurz vor Besançon hörte es auf zu regen. Ich verbrachte eine schöne Mittagsrast am „Place de 8. Septembre", dem Tag der Befreiung Besançon von der deutschen Armee und den Nazis, wie ich herausfand.

Bei der Einfahrt hatte ich zunächst die Zitadelle auf ihrer Höhe rechts liegen lassen und war kurze Zeit später um eine Linkskurve gefahren, um dann erstaunt stehen zu bleiben. Vor mir öffnete sich ein recht niederer und enger dreihundert Meter langer Tunnel, roh in den Fels gehauen, der nur den Kanal und den Fahrradweg beherbergte. In der Ferne schaute zwar wieder das Tageslicht herein, sonst war das aber eine lange, schmale Angelegenheit. Der Kanal war Gott-sei-Dank durch ein Gitter vom Fahrradweg abgetrennt. Auf diesem waren auch zwei Fahrspuren durch Mittelstreifen eingeteilt, damit man sich nicht gegenseitig ins Gehege kam und einer in den sicherlich hier nicht unbedingt sauberen Kanal plumpste. Dort radelte ich dann hindurch und entdeckte zu meiner Freude bald einen Casino - Laden, einen kleinen Gemischtwarenladen, der alles hatte, was man braucht, viel besser als die unerträglichen Supermärkte, bei all ihren Vorzügen (siehe Uhrarmband und Straßenkarten).

Besançon unterirdisch

Ich deckte mich mit allem Wichtigen ein, Leffe-Bier aus Belgien, ein kleines Fläschchen Calvados, Tempotaschentücher und Baguette.

So gestärkt und wieder aufgerüstet verlies ich Besançon eine Stunde später, nachdem ich mir bei der Ausfahrt in einem Fahrradladen auch noch eine Flasche Fahrradöl besorgt hatte. Jetzt konnte es also laufen.

Doch es kam mal wieder anders.

Der Himmel war zwar nur noch leicht wolkig, sogar häufig blau durchsetzt, aber kaum war ich beim Fahrradladen wieder losgefahren, packte mich der Wind von vorne, dass fast kein Vorwärtskommen war. In der Stadt hatte ich von dieser Wetteränderung nichts mitbekommen, aber hier am Kanal, noch dazu in Ost – West – Richtung, war es dann gleich umso deutlicher. Immer wieder blies er in Böen gegen mich an, dass ich des Öfteren aus dem Sattel musste, um überhaupt etwas ausrichten zu können. Wenn er nachließ, kam ich wieder etwas zügiger weiter.

Was tun, zurück nach Besançon? Doch mein wohl angeborener Widerspruchswille sagte mal wieder „nein", zurück wollte ich nicht. Dann eben so gut es ging vorwärts. Dole, mein heute anvisiertes Tagesziel, war noch ca. 30, 35 km entfernt. Das müsste ich doch in kleineren Etappen schaffen können.

Ich fuhr weiter, immer am Wasser entlang, ab und zu musste ich aufpassen nicht geradezu hineingeweht zu werden.

Dann begannen Ästchen und auch größere Äste herumzufliegen. Auch der Radweg war schon voll davon, stellenweise musste ich Slalom fahren. Immer wieder machte ich kleinere Pausen.

Pause machen und mal wieder Hausboote anschauen

Ich betrachtete die Karte und hielt nun doch auch sonst Ausschau nach einem Campingplatz. Endlich kam einer, irgendwo im Niemandsland, der war offensichtlich nur für mich da.

Wohl aber doch nicht. Er war geschlossen.

Und weiter. Laut Karte müsste ein Platz in Fraisans sein, noch ein kleines Stückchen. Immer wieder zählte ich auch bis 500 oder sonst wohin, um die Zeit zu verkürzen. Mit Radeln hatte das im Grunde nicht mehr viel zu tun, gegen den Wind stemmen, war schon eher richtig. Und wieder ein gerades Stück und in der Ferne eine Schleuse. Langsam kämpfte ich mich vorwärts. Eine Bank mit Aussicht. Ich pausierte wieder ein bisschen, trank nochmal was.

Und dann war ich auf einmal doch schon da, in Fraisans, einem Vorort von Dampierre, ca. 20 km vor Dole.

Ich war total erschöpft und registrierte dankbar, dass die drei Kerzen heute Morgen anscheinend doch ihre Wirkung erzielt hatten, ich war heil angekommen, ohne in den Doubs oder den Kanal geweht zu werden, und ohne erschöpft vom Rad zu plumpsen. Irgendwie bringt man ja dann doch einige Kilometer hinter sich.

Ich fuhr durch den Ort, der zum Teil zwischen Kanal und Doubs lag und bog direkt vor dem Fluss in den Campingplatz ein. Er verlief parallel zum Fluss und war nur durch eine Ufermauer, die von hohen Bäumen, Eschen und Erlen, gesäumt war, abgetrennt. Das Ortszentrum lag wohl doch auf der anderen Seite einer Brücke. Der Boden war übersät von abgerissenen Ästen. Vor der Rezeption war eine große schwere Topfpflanze umgefallen. Ein Schild unterrichtete mich davon, dass der Platzwart gleich wieder da sein müsste. Da es sich um einen Camping Municipal, also einen gemeindeeigenen Platz handelte, musste er sicherlich noch andere Aufgaben verrichten. Ich konnte auch nur an zwei bis drei Wohnwägen Zeichen dafür erkennen, dass sie zurzeit bewohnt waren. Und ein einsames kleines Zelt stand auch noch da. Immerhin.

Ich ging zur Mauer und schaute hinunter. Der Fluss floss breit und braun unter der Mauer an mir vorbei und führte allerlei Äste mit sich.

Nach einiger Zeit erschien der Platzwart und verneinte leider meine Frage, ob er einen Mietwohnwagen zu vergeben hätte. Aber immerhin bot er mir an, den einen alten Caravan, in dem nach seiner Auskunft nur Gerümpel untergebracht war, so umzudrehen, dass ich mein kleines Zelt etwas besser daneben stellen könnte, damit es windgeschützt wäre. Das war auch nötig, der Wind blies immer noch heftig.

Wir schritten zur Tat, drehten den Wohnwagen um 90 Grad um und ich baute daneben mein kleines Zelt auf. Die Taschen schob ich unter den Wagen.

So, nun doch schon etwas besser gelaunt, beschloss ich ins Dorf zu gehen, nach einem Restaurant zu suchen.

Ich marschierte mit Rückenwind über die Brücke und fand bald eine kleine Pizzeria. Ich setzte mich draußen an einen kleinen Plastiktisch, drinnen sah es eher nach einer Mitnahmepizzeria aus, auf jeden Fall war dort nicht viel Platz und draußen war es sowieso interessanter. Die Pizza, die ich bestellte, war zwar etwas kurz gebacken, aber sonst schmeckte sie phantastisch. Ich blieb noch einige Zeit sitzen und betrachtete ein seltsames Grüppchen, das auf der anderen Straßenseite stand und sich unterhielt. D.h. zwei Personen, eine Frau und ein Mann, taten so, als wäre alles ganz normal, vielleicht waren sie ja auch den Anblick des anderen gewöhnt, auf jeden Fall hatte der, ein Mann so Mitte dreißig, im Unterhemd und ein wenig grobschlächtig vom Aussehen her, eine Krähe auf der Schulter sitzen. Er hielt den Kopf ein wenig steif, wohl um den Vogel nicht durch unmotivierte Kopfbewegungen zu erschrecken, aber ansonsten gab es anscheinend der Gestik und Mimik zufolge wichtiges zu besprechen. Und die Krähe saß da!

Aber dann fing es an zu tröpfeln. Ich bezahlte schnell, verlies meinen Beobachtungsplatz und kämpfte mich gegen den Wind und den stärker werdenden Regen wieder zurück auf meinen Campingplatz. Dort angekommen hatte es gnädigerweise wieder aufgehört. Also besorgte ich mir an der Rezeption einen Stuhl. Setzte mich an den Wohnwagen und gab mich meinen Abendvergnügungen hin, Sudoku, Buch und so weiter. Irgendwann war's dann doch Zeit sich auszustrecken und ich legte mich in meine Hundehütte.

Ungefähr um ein Uhr in der Nacht wachte ich auf. Es platterte. Außerdem hatte ich das Gefühl, dass es links unter meiner Isomatte nass war. Ich wälzte mich herum und stellte fest, dass der Reisverschluss nicht richtig zu war und es reingeregnet hatte. Ich machte ihn zu und blieb auf dem Rücken liegen. Wohl gemerkt, man kann sich, wenn man eine durchschnittliche Körpergröße hat, in dieser vergrößerten Schutzhülle, welcher der Hersteller doch glatt als Zelt bezeichnet hat, nicht aufrecht hinsetzen. Also blieb mir sowieso nichts anderes übrig, als auf dem Rücken liegen zu bleiben.

Aber mir war schon bald klar, ich musste hier raus! Der Regen fiel in Böen über das Zelt her und ich versuchte mich nicht zu rühren, um nicht an die Außenwand zu kommen.

Fraisans, das Wasser kräuselt sich im Wind

Und mir war nun vor allen Dingen auch klar, junge schlangengleiche Menschen, können sich vielleicht mit diesem Zelt anfreunden, aber unsereins, der sich auch zum Schuhe anziehen gerne schon mal hinsetzt und schon etwas im fortgeschrittenen Alter ist, für den war dieser Schlauch nicht das Richtige. Nicht nass zu werden, wenn der Morgentau das Zelt benetzt und man, um aus der waagerechten Ausstiegsöffnung zu entkommen, sein Hinterteil Richtung Decke drehen muss, ist schon eine Herausforderung. Aber jetzt, bei diesem Regen, das Zelt rückwärts schnell zu verlassen, war nahezu unmöglich.

Egal, es musste sein.

Ich wartete, bis die ärgsten Böen nachgelassen hatten, drehte mich doch um, auf den Bauch, und packte alles was herumlag, rasch in die Schlafsackhülle, knüllte den Schlafsack einfach so zusammen, klemmte beides irgendwie unter den Arm, schob mich rückwärts nach draußen und zog dabei die nasse Isomatte hinter mir her. Da ich vorher meine Stirnlampe über die Mütze gezogen hatte, sah ich auch ein wenig und konnte den größten Pfützen, die sich zahlreich gebildet hatten, ausweichen und hüpfte hinüber zum Waschhaus.

Licht an! Ah, schon mal besser. Ich rannte noch mehrmals zurück und holte die restlichen Taschen und brachte alles ins Waschhaus. Ich war mir ziemlich sicher, dass dort nachts niemand hineinmusste und einen Schock bekäme, wenn ich dort schlief.

Also stellte ich die Isomatte an die Wand zum Trocknen, sortierte das übrige Zeug auch ein wenig und legte mich im Schlafsack auf den Fliesenboden und zog mir die Kapuze über den Kopf. Toll! Hart aber trocken. Ein bisschen Regen und ein bisschen Nässe und schon haben sich gewisse zivilisatorische Ansprüche an eine angemessene Bettstatt in Luft aufgelöst.

6. Tag, 17. September, Donnerstag

Ich wachte so gegen sieben auf, ich hatte tatsächlich relativ tief geschlafen und schaute aus dem Waschhaus. Niemand da. Es regnete noch ein wenig, aber bei weitem nicht so, wie in der Nacht.

Ich zog mir etwas Wetterfestes an und eilte als erstes hinüber zum Zelt. Das war durch meine Auszugsaktion vollends zusammengefallen und ich baute es rasch ab und brachte es hinüber zum Waschhaus. Das Waschhaus stand gegenüber der Rezeption, dazwischen das gepflasterte Einfahrtssträßchen. Die Rezeption war, wie man es oft auf Campingplätzen findet, ein kleines Haus mit Vordach und erhöhter Veranda, eher ein Wochenendhaus, als ein Zweckbau. Auch beim Waschhaus war der Dachtrauf recht weit vorgezogen, sodass man einigen Platz darunter hatte. Die Treppe, die in die Waschräume führte, war auch fast gänzlich unter dem Dach. Ich stellte die Zelthülle samt Gestänge an die Wand unter dieses Vordach, dort konnte es etwas abtropfen. Dann holte ich noch mein Fahrrad und stellte es auf die andere Seite der Treppe. So hatte ich jetzt alles zusammen bei mir am Waschhaus.

Als nächstes machte ich mir ein Frühstück und überlegte, was ich nun tun sollte. Es regnete immer noch, hin und wieder auch etwas stärker.

Aber ich musste hier weg. Da gab es keinen richtigen Platz, wo man sich aufhalten konnte, die Veranda war auch nicht so einladend und ich konnte ja nicht die ganze Zeit auf der Treppe sitzen bleiben, bis es vielleicht irgendwann mal aufhörte zu regnen, vielleicht morgen oder übermorgen, wie das so aussah.

Also musste ich wirklich los, zumindest bis Dole. Das waren 20 Kilometer, das müsste ich schaffen. Ich wusste, dass es dort einen Campingplatz gab und da würde es auch hoffentlich eine Art Hütte zu mieten geben. Und dort würde ich zumindest bleiben, bis alles trocken war.

Ich packte alles zusammen, so nass oder trocken, wie es eben war, und belud das Rad.

Ich hatte die Regenhose, die ich bisher überhaupt noch nicht benutzt hatte, angezogen und überlegte, wie ich das mit den Schuhen machen sollte. Wenn es gar so spritzt, ist das irgendwann doch unangenehm. Was tun? Eine gute Lösung wäre es, Plastiktüten über die Schuhe zu ziehen und festzubinden.

Aber ich hatte keine passenden Tüten mehr.

Da fiel mir ein, dass ich zuvor gesehen hatte, dass die drei Mülleimer, die auf dem Platz herumhingen, zwei davon waren vor und im Innern des Waschhauses, frisch mit mittelgroßen schwarzen Müllbeuteln versehen worden waren. Die würden doch gehen. In zweien war zwar schon ein bisschen was drin, das könnte ich ja aber umschütten.

Der Platzwart hatte sich bisher noch nicht sehen lassen und war offensichtlich immer noch nicht da, auf jeden Fall stand sein alter Renault Kastenwagen nicht auf dem Platz, wo er ihn gestern Abend abgestellt hatte.

Bezahlt hatte ich ja auch schon gestern Abend, also schrieb ich ihm einen Zettel, in dem ich mich entschuldigte, dass ich seine Mülltüten entwendet hätte, aber es wäre eine Notlage gewesen. Dann stülpte ich sie mir über die Füße, band sie fest, zog Anorak an, Mütze auf, Helm drüber und ab!

Es regnete, es regnete, es regnete, bis kurz vor Dole. Irgendwo machte ich eine kleine Rast, wieder in einem überdachten Rastpavillion am Fluss. Der Blick hinaus verhieß nichts Gutes. Alles grau in grau. Eintönig plätscherte es vor sich hin.

Dann verlor ich auch mal meinen EV 6, wie auch immer, auf einmal war er weg. Ein von mir zum Treidelpfad auserkorener Weg endete auf einmal neben dem Kanal mitten auf der Wiese, da hatte ich offensichtlich irgendwo die Schilder falsch gedeutet. Auch ein kurzer Abstecher auf die Höhe, vielleicht ist er ja hoch über die Dörfer und wieder hinunter, einer Überlandstraße gefolgt, erwies sich als eine Weg ins Abseits, also wieder zurück zur Hauptverkehrsstraße. Mächtige LKWs donnerten an mir vorbei und spritzten mich noch zusätzlich voll. Aber zum Glück, nach fünf Kilometern, in Orchamps, fand ich den Radweg wieder. Er kam von der anderen Seite des Kanals über die Felder, da hatte ich irgendwo eine Abzweigung übersehen, war wohl vorbeigefahren.

Ich folgte ihm wieder glücklich am Kanal entlang und siehe da, kurz vor Dole hörte es auf zu regnen. Mächtige Pappeln säumten den Weg und ich war gerade dabei meine rechte Schuhverzierung wieder ein wenig in Form zu bringen, als der blaue Himmel durchbrach und es auch aufhörte zu blasen. Das war heute sowieso nicht mehr so schlimm gewesen, der Wind hatte sich schon gestern ausgetobt. Ich hockte mich wieder aufs Rad und fuhr noch die letzten Kilometer durch diese verwunschene Allee bis zur Stadt. Ich würde trotzdem dort bleiben, die Sachen trocknen und abwarten, wie das Wetter sich entwickelt. Ich hatte gestern Abend mit Elvira telefoniert, die hatte mich ein wenig aufgerichtet und mir zugeredet, doch wegen des Wetters eine Pause zu machen. Auch schon ohne die darauf folgende Nacht war ich nahezu entschlossen, das in die Tat umzusetzen. Danach war es dann sowieso klar.

Es war so gegen halb eins und ich steuerte den gleich bei meiner Einfahrt gelegene Campingplatz an.

Er war zwar geschlossen, Mittagspause, aber gleich gegenüber der Rezeption standen fünf als eine Art Miniatur-Fachwerkhäuschen verkleidete Chalets, mit Veranda und Balustrade. Die sahen unbewohnt aus. So eins wäre doch sicherlich etwas für mich. Ich stellte mein Fahrrad ab, entledigte mich meiner Regenverkleidung und ging zu Fuß auf eine erste Stippvisite am Kanal und einer großen Baustelle entlang, anscheinend wurde etwas am Wasserlauf verändert, nach Dole hinein.

Ich stieg den Hügel zum Zentrum hoch und streifte ein wenig um Kirche und Markthalle herum. Das bestätigte schon jetzt, was mir Elvira gestern Abend gesagt hatte, Dole war eine sehr schöne Stadt, mit kleinen Plätzen und verwinkelten Gassen, hoch und hinunter.

Dole, Platz an der Kirche

Ich fand auch schnell ein Bistro, etwas eng aber gemütlich und mit dieser modernen Bestell-Ruf-Technik aufgepeppt. Man bekam dieses Brummteil mit, das anfing auf dem Tisch herum zu rudern, wenn das Essen fertig war. Aber es schmeckte. Ein großes Sandwich und ein Grand Café au Lait, wobei ich diesmal endlich begriff, dass auch die Franzosen inzwischen Café Latte sagten.

Dann ging ich wieder zurück zum Campingplatz und er machte auch bald darauf auf. Aber, die Hütten waren alle vergeben, an die Bauarbeiter! Umsonst gewartet.

Ich fuhr vom Platz, dann eben ein Hotel! Ich musste die Sachen trocknen.

La Information Touristique war schnell gefunden. Das Hotel, das sie mir empfahlen, gegenüber dem Bahnhof, hatte den Vorteil, dass man zu Fuß in die Stadt laufen konnte und es gab einen Raum für das Fahrrad.

Ich fuhr dort hin, fand es auch gleich und es war auch ein Zimmer frei. Hurra!

Die Sachen waren schnell nach oben geschleppt und dann begann ich das ganze nasse Zeug im Bad zu verteilen. Das Zelt, das ich in die Dusche gehängt hatte, war natürlich auch unglaublich schmutzig, die halbe Wiese hing daran. Das würde ich später, wenn alles trocken wäre säubern. Natürlich möglichst bevor morgen früh der Zimmerdienst kam, sonst bekam der einen Schock.

Ich schrieb ein paar Karten, döste ein wenig in meinem Zimmer über den Nachmittag hinweg und machte noch ein wenig Abendprogramm.

Stillleben mit Dusche

7. Tag, 18. September, Freitag

Zahnschmerzen! Super!
Natürlich hatte ein oder zwei Wochen, bevor ich losfuhr, ein Zahn angefangen weh zu tun. Ich war zu meiner Zahnärztin gefahren und sie hatte mir eine Zahnsalbe verschrieben. „Vielleicht hilft das, wenn nicht, müssen wir das Exemplar vielleicht doch rausziehen", hatte sie sinngemäß gesagt.
Natürlich hatte ich die Zahnsalbe zuhause vergessen!
Immer mal wieder hatte es beim Kauen wehgetan, jetzt wurde es aber wirklich langsam unangenehm.
Da ich das Gefühl der vollkommenen Abnabelung wohl doch nicht so ganz brauchte, rief ich Elvira, wie schon erwähnt, in der Regel abends an. Also hatte ich sie am Abend nach den Bestandteilen dieser Salbe gefragt.
Der Himmel sah am Morgen dann gar nicht so schlecht aus. Nach dem Frühstück im Hotel, mit Blick auf den Bahnhofsplatz, machte ich mich, gewappnet mit Rucksäckchen und – sicher ist sicher - Wetterjacke, auf den Weg in die Innenstadt, um eine Apotheke zu suchen. Die war auch bald gefunden und hatte auch tatsächlich ein französisches Äquivalent mit Hexetidine 5%. Das nahm ich mit und schmierte mir dann auch gleich mal draußen vor dem Schaufenster was aufs Zahnfleisch. Und siehe da, es schien zu wirken. Wenn das aber nicht genug sein würde, müsste ich mir vielleicht doch ein Schmerzmittel besorgen. Dann trottete ich ein wenig durch die Altstadt.

Zwei, drei Damen nebst Herren

Kirchplatz und Markthalle hatte ich ja schon am Abend inspiziert, von dort aus durchstreifte ich die Gässchen, mit vielen alten Häusern, die zwischen dem 16. und 18. Jahrhundert erbaut worden waren, und gelangte dann zum Stadtpark, der am Hang zum Doubsufer liegt, und folgte dann schließlich den nahezu parallel verlaufenden Wasserwegen von Doubs, Kanal und einem zweiten inne laufenden Mühlenkanal. Dole nennt sich ja auch das Venedig des Juras, vielleicht etwas großspurig, aber das Viertel unten am Fluss ist sehenswert und schließlich fand ich auch ein nettes Restaurant mit vielen Tischen vor der Tür. Dort genehmigte ich mir eine Tarte zum Mittagessen. Dann ging ich zur Post, um mich zu erkundigen, ob sie Versandschachteln hätten.

Ich hatte mir ja schon überlegt, ob ich nicht mittags wieder weiterfahren sollte, das Wetter schien einigermaßen stabil zu sein, das Unwetter der vergangenen Tage hatte sich ausgetobt, aber ich hatte mich dagegen entschieden. So wollte ich die Zeit nutzen, um wenigstens etwas nach Hause zu schicken.

Die kleine Schachtel, die die Post anzubieten hatte, war zu klein, die nächst größere war zu groß, also entschied ich mich für die kleinere.

Ich ging auf Umwegen zurück zum Hotel. Ich hatte ja Zeit. Deshalb machte ich mich auf die Suche nach einer archäologischen Fundstätte aus dem dritten Jahrhundert, was sich aber als Seniorenresidenz, für das dritte Alter, herausstellte. Vielleicht hätte ich doch mal wieder im Dictionnaire nachsehen sollen. Immerhin entdeckte ich in der Nähe ein Sportartikelladen, dort hatte man auch Wasserflaschen. Manche Dinge ließen sich ersetzen.

Der Mühlenkanal

Wieder im Hotel packte ich einige Sachen in die erstandene Postschachtel ein, bei denen ich mir sicher war, dass ich sie nicht mehr brauchte. Meine ausgelesene Lektüre, die Handschuhe und noch ein paar Kleinigkeiten, mehr ging nicht hinein. Das wichtigste und schwerste in verschiedenerlei Hinsicht war sowieso das Buch. Nach einer kleinen Verdauungspause, ging ich dann nochmals in die Stadt zur Post, um das Päckchen aufzugeben.

„14 Euro!"

Ich dachte, ich hätte mich verhört, aber es war so.

Kurz überlegte ich, ob ich es nicht wieder mitnehmen sollte, tat es aber natürlich nicht. Die französische Post war offensichtlich nicht besser als die deutsche, warum auch?

Es soll ja Leute geben, die bei ähnlichen Unternehmungen, z.B. den *PCT* zu erwandern, den *Pacific Coast Trail* von Mexico nach Canada, was natürlich geringfügig länger dauert, als mit dem Fahrrad ans Mittelmeer, bei der mitgeführten Lektüre aus Gewichtsersparnisgründen immer die gelesenen Seiten rausreißen und verbrennen. Das wäre vielleicht eine Alternative gewesen. Gewiss besser für meinen Geldbeutel, vielleicht aber auch aus moralisch seelenhygienischen Gründen besser, angesichts der schweren Kost von „Black Out".

Am Abend ging ich nochmals ins Zentrum, diesmal hatte ich noch ein bisschen Zeit bis zum Abendessen und lief hinunter zum Kanal. Ich wollte mir nochmal die Platanen anschauen. Und ich hatte mir die richtige Tageszeit ausgesucht. Die Abendsonne schien flach durch die mächtigen Bäume am Kanal, das Ganze sah aus wie im Innern eine Kathedrale. Ganz andächtig wanderte ich an den Baumriesen vorbei, betrachtet mir die wulstige Rinde, die manchmal geradezu Gesichter von Baumgeistern zu bilden schien.

Da ich keine Lust auf ein Menu hatte, mich alleine in ein Restaurant zu setzen und mich dort bedienen zu lassen, erschien mir nicht wünschenswert, machte ich mich auf zu dem Bistro vom Vortag, aber die wollten mir nichts mehr verkaufen, es war ein Salon de Tee, die machen abends zu. Also ging ich zur nächsten Bäckerei, die noch Sandwichs verkaufte, erstand ein sehr schlichtes und verschlang das dann im Hotel neben einigen Baguette Resten.

Abendstimmung am Doubs

Den Rest des Abend verbrachte ich mit dem Studium von einigen *Paris Match*, die in der Rezeption lagen, und war dann bestens informiert über das Privatleben von Leuten, die ich nicht kannte und die mich eigentlich auch nicht interessierte. Aber das Programm im zimmereigenen Fernsehapparat war auch nicht besser, und der Wetterbericht nicht so verheißungsvoll, wie ich es mir gewünscht hätte. Immer noch wechselhaft! Die Wettergrenze zwischen Regen im Norden und nur bewölkt, eher im Süden, schien genau auf dem Breitengrad zu verlaufen, den ich von Nordosten nach Südwesten queren wollte.

8. Tag, 19. September, Samstag, Vormittag

Ich war nun schon eine Woche unterwegs, kaum zu glauben und schon ein ganz klein bisschen stolz auf mich. Keine übermäßigen Rücken-, Hals- oder Gesäßschmerzen, auch die Knie machten im Grunde gut mit, auf jeden Fall war ich mir ziemlich sicher, dass ich das noch eine Weile so aushalten könnte. Und mein seelisches Empfinden war nach dem Gefühl, vielleicht doch ganz allein in der weiten Welt zu sein, dass mich am Donnerstagabend nach dem Wetter der letzten Tage ein wenig heimgesucht hatte, durch die Aufmunterungen von Elvira und den Ruhetag wieder im Lot und ich brannte darauf, dass es weiter ging.

Erster Blick kurz nach sieben nach draußen: Ein dunkler düsterer Wolkenteppich erstreckte sich bis zum Horizont.

Trotzdem frühstückte ich rasch, packte mein Zeug zusammen, wie jeden Tag, das war jetzt schon Routine, auch für den kleinen Rucksack, den ich tagsüber nicht brauchte, hatte ich endlich im großen Gepäcksack, wo auch Zelt, Schlafsack und Regensachen verstaut waren, einen guten Platz gefunden, es konnte losgehen. Das Wetter konnte eigentlich nur besser werden. Ich strampelte im Rekordtempo nach Seurre, das wollte ich schnell hinter mich bringen, um zu sehen, ob das mit meinem Tagesziel Chalon-sur-Saône realistisch war, und siehe da, die Wolken wurden heller, weiße und blaue Streifen zeigten sich und in mir keimte die Hoffnung, dass das Wetter doch mehr hielt, als die Nachrichten gestern Abend versprochen hatten.

Irgendwo dazwischen fuhr ich um eine Kurve und von rechts kommt ein breiter Fluss daher, schon etwas ganz anderes, als mein doch noch recht kleiner Doubs. Die Saône. Ich bin an der Saône.

Ich hatte wohl schon vor einiger Zeit mit dem Kanal den Doubs verlassen, jetzt stieß er zur Saône und endet hier. Genau an der Stelle, wo sich Kanal und Saône vereinigen, befindet sich auch eine recht neue Schleuse, in der Nähe der kleinen Ortschaft Saint Symphonien sur Saône, „située dans le département de *la Côte-d'Or* en région *Bourgogne-Franche-Comté*", wie ich den Schildern an der neuen Anlage entnehmen kann. Im Departement *Côte-d'Or*, in der Region *Bourgogne_Franche-Comté*, also nicht mehr im Jura.

Am Zusammenfluss von Kanal und Saône

Flussansichten

Ich folge dem Fluss und von ferne taucht ein Ort auf. Immer wieder ist das ein anheimelndes Bild, wie nach Hause zu kommen. Ich kann es nicht anders erklären. Flüsse und Städte oder Dörfer an Flüssen haben für mich diese Wirkung. Zumeist sieht man zuerst die Kirche hinten am Horizont, meist links oder rechts dicht am Fluss, drumherum geschart die Häuser des Ortskerns Ich kann mir vorstellen, dass es hier schon vor hunderten von Jahren genauso ausgesehen hat, der Weg, nur ein Feldweg und die Orte ein wenig kleiner und der Fluss vielleicht ein wenig belebter. Wie auf einem flämischen Gemälde, zum Beispiel von Vermeer („Ein Blick auf Delft" z.B.) oder Van Goyen („Flussszene") .

Fischer und Angler könnten den Fluss bevölkert oder das Ufer besetzt haben. Die Angler gibt es jetzt natürlich immer noch, Fischer sehe ich keine. Aber auch die Felder und Wiesen und die wenigen Gehölze sind wahrscheinlich noch ähnlich, durch Hecken voneinander getrennt, viel Weideland. Und die Enten, Gänse und immer mal wieder ein Schwan.

Am Fluss sitzen. Wir waren vor ca. zwanzig Jahren an die Dordogne gefahren, die Kinder noch ganz klein, nicht zur Hauptferienzeit. Als wir auf dem Campingplatz ankamen, standen dort vielleicht zwei oder drei Wohnwägen. Unseren stellten wir ganz vorne an den Fluss. Nachdem wir alles ausgepackt hatten, nahm ich einen Campingstuhl und setzte mich auf das leicht erhöhte Ufer und schaute auf den Fluss. Er kam von links träge um eine lang gezogene Linkskurve und verschwand dann in der Ferne wieder zwischen dem Ufergehölz. Ich hatte das Gefühl, dass ich dort die nächsten zwanzig Jahre sitzen bleiben könnte, dem Fluss zuzuschauen.

In der Ferne ein Städtchen

8. Tag, Nachmittag

In Seurre trank ich einen Kaffee und vesperte draußen nach dem Ort auf einem Granitfelsen. Der Fluss floss vor mir vorbei.

Ich fuhr weiter und hatte offensichtlich leichten Rückenwind. Hie und da tauchten doch plötzlich schwarze Wolkenbänke auf. Es begann zu tröpfeln. Offensichtlich war ich tatsächlich auf der Trennlinie zwischen Nord und Süd, zwischen Regen und „nur bewölkt" unterwegs. Ich versuchte dem Regen davonzufahren. Das gelang mir nur teilweise, es regnete dann doch, vielleicht eine halbe Stunde. Dann hatte es ein Einsehen und hörte wieder auf.

Bald darauf war ich in Verdun sur le Doubs, hier kommt der Doubs wieder von Süden daher, er hat einen Schlenker gemacht und vereinigt sich mit der Saône.

Um vier Uhr war ich in Chalon sur Saône.

Ich telefonierte kurz mit Kati und Lilli, meiner frisch geborenen Enkeltochter, bevor ich den nächsten Supermarkt anlief und mir dort das Nötigste besorgte. Und siehe da, ich bekam sogar die so wichtige Übersichtskarte von Südostfrankreich.

Dann ging es noch eine Zeitlang durch Vororte, vorbei an Industrieanlagen und langweiligen Wohnblöcken.

Endlich kreuzte ich die Saône, der Campingplatz liegt auf einer Insel, und bezog ein etwas zu teures Chalet, das aber gegenüber einer imposanten Hängebrücke lag, schräg dahinter die Altstadt. Aber ich hatte es ja auch schon billiger.

Am Abend ging ich nach Chalon hinein und bestaunte den Rummel, in diesem mittelalterlichen Städtchen, mit tollen alten Fachwerkhäusern, engen Sträßchen und kleinen Plätzen. Jetzt verstand ich die Preise auf dem Campingplatz. Die Kirche aus dem 12. Jahrhundert mit ihrer neoklassizistischen Fassade aus dem 18. Jahrhundert sprach mich allerdings nicht so an. Der kahle weiße Stein auch im Innern wirkte eher erschlagend als ehrfurchtsvoll.

Dann mache ich es mir in meinem Luxusapartment bequem und bestaune das nächtliche Lichterspektakel. Sogar die Hafenkräne, mir genau gegenüber, wurden angestrahlt.

Chalon sur Saône

Von meinem Chalet aus

9. Tag, 20. September, Sonntag

Zu Beginn der Tour, beziehungsweise bei der Planung, hatte ich ja in Erwägung gezogen, hinter Chalon Richtung Cluny ins Burgund hinauf abzubiegen. Aber angesichts des Gewichts meiner vielen Radtaschen war mir schon länger klar, das würde ich lieber bleiben lassen. Allerdings führte auch der EV 6 dort hinauf und an der Saône entlang war auf meinen Karten nur eine gestrichelte Linie verzeichnet, zumindest bis Tournus, die wohl eine Ausweichstrecke bedeuten sollte, nur teilweise ausgeschildert und von guter Qualität.

Aber ich sagte mir, ich würde den Weg mit Hilfe von anderen Radwegeschildern schon finden. Und dann hatte ich auf dem Campingplatz an der Rezeption eine Karte mit dem schönen Titel *„Voies Vertes et Cyclotourisme"* erhalten, übersetzt *„Grüne Wege und Fahrradtourismus"*, die würde mir auch helfen. So würde es dann schon nicht so schlimm werden, aber das war ein Irrtum.

Zunächst war der Weg aus Chalon hinaus genauso wenig einladend wie der Weg in die Stadt hinein. Und dazu auch noch wenig eindeutig, was die Schilder anbelangte. Zuerst irrte ich in einem Industriegebiet herum, um dann auch prompt die falsche Ausfahrt zu nehmen und auf einer Wiese an der Saône zu landen. Ich fragte also ein paar nette Angler. Ihrerseits fragten die sich wahrscheinlich, wie dieser Irrläufer wohl hier in ihr einsames Angelparadies kam, aber sie erklärten mir den Weg: Ich musste zurück, wieder ins Industriegebiet, und entdeckte nun das Schild „Toutes Directions", das ich vorher übersehen hatte. Wenn das für Autofahrer einen Ausweg versprach, galt das ja vielleicht auch für Fahrradfahrer.

So war es dann zunächst auch. Kurz danach durfte ich wieder über die Saône und folgte über einige wenig befahrene Sträßchen zwischen kleinen Ortschaften dem rechten Ufer. Ich hatte bei einer kurzen Rast in einem Dorf auch gelesen, dass der Uferweg, es gab offensichtlich einen solchen, „bouché" sei, das stand zwar nicht in meinem Wörterbuch, aber ich konnte mir vorstellen, was darunter zu verstehen war, zu mindestens dem Klang nach. Also folgte ich weiter den Dorfverbindungsstraßen. Doch nach einiger Zeit verlor ich die Lust am Straßenfahren, offensichtlich ging's dem Esel zu gut, also ging er aufs Eis. Eis war zwar keins vorhanden, dafür gab´s ja aber den direkten Uferweg. Den konnte man ja vielleicht doch mal versuchen. Ich folgte einem Feldweg, der Richtung Saône führte. Der Feldweg stellte sich nach einiger Zeit als Ackerholperstrecke heraus, noch dazu gab es auch noch einen Stacheldrahtzaun zur Saône hin, zum eigentlichen Uferweg, der mir vielleicht doch ein wenig besser erschien. An einer kleinen Senke, an der der Stacheldraht sich etwas vom Boden abhob, schob ich mein Rad unten drunter durch und radelte dann auf der anderen Seite weiter. Der Fluss floss zwar träge und geruhsam dahin, aber der Weg ließ dann bald doch kein geruhsames Fahren mehr zu. Im Grunde meistens ein Wiesenweg, war es eher ein holpriges Slalomfahren, als ein noch vertretbares Vorwärtskommen. Das hatte keinen Sinn! Ich begann Ausschau nach einem Weg zurück zur Straße zu halten.

Was ist das denn für einer?

Irgendwo im Niemandsland

Rechts begann jetzt auch eine Mischung aus Gebüsch und Wald, etwas sumpfig sah es auch aus. Endlich kam der ersehnte Weg. Ich bog ab und folgte einem etwas lehmigen, von abgebrochen Ästchen übersäten Waldweg Richtung Straße. Doch als bald begann dieses Lehm-Zweige-Gemisch sich hauptsächlich vorne in den Zwischenraum zwischen Schutzblech und Mantel festzusetzen. An den Bremsbacken war es besonders schlimm. Immer wieder musste ich anhalten, um dem Belag abzukratzen. Dann lag auch noch ein größerer Baum quer, um den ich das Rad recht mühsam herumwuchtete.

Bald ging das Fahren gar nicht mehr. Ich musste schieben. Was tun? Zurück? Da war dieser Baum, um den wollte ich nicht auch wieder herum. Also weiter, soweit konnte es ja eigentlich auch nicht sein.

Aber dann ging das Schieben auch nicht mehr. Ständig kratzte ich wieder das Rad frei, um es nach kaum mehr wie 100 Metern wieder freilegen zu müssen. Das Rad zu tragen mit meinen ganzen Taschen war auch auf eine längere Strecke unmöglich. Aber die Strecke zwei- bis dreimal zu laufen, zuerst das Fahrrad, dann die Taschen, war auch keine Alternative. Meine Stimmung näherte sich dem Tiefpunkt, schon beinahe so etwas wie Verzweiflung machte sich breit. Aber es konnte ja eigentlich wirklich nicht mehr so weit sein, war das nicht ein Motorgeräusch da vorne? Sehen konnte man nichts, das Gebüsch war einfach zu dicht.

Ich lupfte also das Rad vorne an und zog und schleifte es weiter. Endlich, dort vorne, das war wirklich ein Auto, das vorbei fuhr. Noch ein Graben, das musste natürlich auch noch sein, dann eine Böschung hinauf und ich stand tatsächlich wieder an so einem kleinen Sträßchen, wie ich sie schon vor meinem Ausflug in die Büsche entlang gefahren war. Nach einer ca. 15-minütigen Säuberungsaktion, es ging gerade noch so ohne Rad Ausbauen, war mein Vehikel wieder einigermaßen fahrbereit, der Rest würde sich von selbst verlieren.

Nicht bald danach kam Tournus, ein kleines Klosterstädtchen, mit einem wunderschönen Straßenkaffee, einer Quiche und einem großen Topf Milchkaffee, ich war gerettet. Schon wieder hatten sich Planung, Zielsetzung, Tagespensum als vollkommen unwichtige Parameter erwiesen, wenn man das Fahrrad nur wieder zum Laufen brachte.

Allerdings stellte sich dann am Mittag wieder leichter Rückenwind ein und ich radelte die 30 Kilometer bis nach Macon doch noch recht schnell hinunter. Dort gab es auf dem Campingplatz keine Chalets, aber ich hatte das Gefühl, ich müsste mir etwas Gutes tun, deshalb ging ich direkt daneben in ein nicht allzu teures Hotel einer Hotelkette.

Als ich fragte, ob sie einen Raum für das Fahrrad hätten, meinte die junge Frau an der Rezeption, ich könne es mit auf das Zimmer nehmen. Offensichtlich hatte sie sich mein Rad nicht näher angesehen, aber ich war schön vorsichtig und inzwischen war auch fast alles wieder getrocknet und abgebröselt.

Das Fenster war in einer Nische und davor stand ein Tisch. Draußen vor dem Fenster weideten ein paar Pferde, beinahe idyllisch. Rechts das Bett, hinten in der Ecke die Nasszelle.

Tournus: Das Kloster mit Saint Philibert und „mein" Kaffee

Das Fahrrad passte gerade noch so hinein. Ich lehnte es an die Wand, so dass ich noch durch kam und verteilte mein Hab und Gut im Zimmer. Anschließend unterzog ich mich selbst auch einer etwas intensiveren Säuberung.

Dann ging ich noch ins Zentrum, um nach Informationen über die weitere Strecke zu schauen. Aber die Tourist Information war schon zu und würde am nächsten Morgen erst um halb zehn aufmachen. Also erkundete ich noch ein wenig die Altstadt.

Noch im Dämmern, bevor es dunkel wurde, war ich zurück. Ich besorgte mir ein Bier an der Rezeption, setzte mich an den Tisch vor dem Fenster, verspeiste meine Reste und schaute hinaus. Die Krähen saßen auf einem abgestorbenen Baum und zankten sich. Eine Krähe und ein Sperber spielten Achterbahnfahren und flitzten hintereinander her. Ein anderer Vogelschwarm erfüllte die Luft mit vielfältigem Gezwitscher und flog von Baum zu Baum, darunter weideten die Pferde.

Am Morgen

10. Tag, 21. September, Montag

Morgens ist es schon neblig und kühl. Die Kälte hält sich länger, auch wenn man durch eine schattige Stelle fährt. Und abends wird es schon schneller dämmrig, so gegen halb acht, und auch wieder kühl.

Ich wusste ja, dass die Touristen Information erst um halb zehn aufmachen würde. Sollte ich wirklich so lange warten? Aber ich beschloss dann doch, mir auf jeden Fall eine Karte zu besorgen, nur allzu gut war mir die Irrfahrt im Regen vom Donnerstag auf dem Weg nach Dole in Erinnerung und vielleicht gab es ja auch etwas genauere Auskünfte über die Wegbeschaffenheit. Ich schob also mein Fahrrad ein bisschen durch das Stadtzentrum, das natürlich jetzt am Morgen kaum von Touristen heimgesucht wurde und kam im Bogen wieder zur Kathedrale zurück, daneben befand sich nämlich die Information Touristique.

Unterwegs kam ein älteres Ehepaar auf mich zu, das heißt er wohl etwas älter, sie wohl eher in meinem Alter, auch mit bepackten Fahrrädern, und wir unterhielten uns ein wenig. Sie waren schon deutlich länger unterwegs wie ich, nämlich sechs Wochen. Sie stammten aus Neuseeland und waren in Frankfurt gelandet. Dann zunächst nach Norddeutschland geradelt und von dort über Paris in den Süden. Ziel war Nîmes. Ich war beeindruckt.

Endlich machte das Tourismusbüro auf und ich erhielt dort von einer netten jungen Dame, nachdem sie mein Fahrrad von ferne inspiziert und es wohl als stabil genug eingeschätzt hatte, eine Wegbeschreibung als Text, sogar auf Deutsch, den sie wohl selbst verfasst hatte. Das fand ich zwar lobenswert, aber doch etwas dürftig, da hatte ich schon bessere Regionalkarten bekommen. Und sie erklärte mir auch, warum die Karte nur bis Macon ging: Wegen der Regionalgrenzen! Es ging immer nur bis zur nächsten Region, bzw. zur nächsten Departementgrenze. In diesem Fall bis Lyon.

Also los! Auf meiner Vortagskarte, ein Zipfelchen des neuen Wegs war noch drauf, hatte ich schon gesehen, dass der Radweg wieder nur gestrichelt war, deshalb wohl der Blick auf mein Rad. Da ich ein Teil der Orte, die verzeichnet waren, auf meiner großen Karte nicht finden konnte, fuhr ich prompt mal wieder falsch, das war aber nicht so schlimm, ich musste nur ein bis zwei Kilometer zurück, dann konnte ich mich wieder einfädeln. Zunächst ging es nun auf einem gut festgefahrenen Schotterweg recht schnell voran. Aber nach vielleicht zwanzig Minuten Fahrt wurde er immer holpriger und felsiger. Vor allem ziemlich große Kiesel, die hervorschauten, machten die Strecke teilweise mal wieder zu einer Buckelpiste. Ich beschloss doch lieber auf die Straße auszuweichen. Auch auf meiner Beschreibung war eine D 933 empfohlen, auf der erreichte ich gegen Mittag Troissey.

Mein Tagesziel war Anse, die Partnerstadt von Loßburg, kurz vor Lyon. Dort hatten wir mit Freunden vor vielen Jahren auch schon mal übernachtet, das wollte ich mir noch mal

Die Brücke bei Toissey über die Saône

ansehen. Zuvor musste ich aber unbedingt noch einen Abstecher zu diesem Troissey machen.

Auch dort hatten wir einmal, das war noch länger zurück, auf der Fahrt in den Südwesten Frankreichs, an die Dordogne, Station gemacht. Der Campingplatz war damals recht heruntergekommen gewesen, etwas verwildert, aber es hatte ein Flussschwimmbad gegeben. Ein Betonrahmen war in den Fluss hinaus gebaut, sogar mit Sprungturm. Und tatsächlich, den Platz gab es noch! Etwas modernisiert, aber nicht zu sehr, direkt am Fluss gelegen, mit dem Schwimmbad in der alten Form.

Ich setzte mich neben das Areal auf eine Rastplatzbank, vesperte, und versuchte die Reste meiner Erinnerung mit dem heute zu vergleichen. Es gibt ein altes Bild mit der prächtigen weißen Brücke, die kurz vor der Einfahrt zum Platz über die Saône führt, die gab es auch noch. Genauso weis.

Dann weiter auf der Straße, eine Alternative direkt am Fluss gab es nicht. Mal mehr, mal weniger befahren, man kam zwar recht schnell voran, aber der Verkehr machte keinen Spaß. Irgendwann reichte es mir mal wieder und ich schlug einen kurzen Weg Richtung Fluss ein, sich einfach nochmal selbst überzeugen, ob es da nicht doch noch eine Möglichkeit am Fluss entlang gibt. Den Fluss erreichte ich zwar, aber das was dann folgte war nur ein Trampelpfad und nach vielleicht zweihundert Metern lag ein Baum quer und dahinter verkroch sich der Weg irgendwie im Gebüsch.

Ich stieg ab und ging runter ans Flussufer. Dann zog ich die Schuhe und Strümpfe aus und stieg ins Wasser. Es war nicht sehr kalt. Überall lagen Flussmuscheln herum, ich fischte ein paar aus dem Wasser und steckte sie in eine der Brusttaschen. Ich watete einige Meter vor und schaute hinauf und hinunter. Kein Treidelpfad zu sehen. Der Fluss schwamm relativ gemächlich und ohne großes Gekräusel dahin und verschwand nach wenigen hundert Metern um die nächste Biegung. Weg war er.

Ich ging zurück zum Rad, balancierte ein wenig auf einem Bein herum, um Strümpfe und Schuhe wieder anzuziehen und fuhr wieder zurück zur Straße.

Jetzt ging's ein wenig den Berg hinauf, in eines der etwas höher gelegenen Dörfer. Ampeln an Baustellen, Verkehr, aber auch nette kleine Gehöfte und viel Grün. Inzwischen hatte ich auch das Gefühl, dass mir irgendwie geartete Steigungen nicht mehr viel ausmachten. Auch das unsichere Gefühl beim Fahren vom Anfang war natürlich vollkommen verschwunden, auch bergab. Ich hatte eher das Gefühl, dass bei den kurzen Fahrten am Abend, wenn ich ohne Gepäck unterwegs war, mir etwas fehlte, das Rad zu leicht war, vor allem vorne.

Und dann kam das ersehnte Schild: Rechts ab nach Anse. Zunächst mal ein gutes Stück den Berg wieder hinunter und dann über eine Brücke auf die andere Seite. Um 14 Uhr 45 war ich schon in Anse, umrundete den Marktplatz und fand dann auch recht schnell neben dem Schlösschen die Touristen Information. Ich sah mich ein wenig um und sprach dann die örtliche Tourismus Fachfrau an. Ich sagte ihr, ich sei aus Loßburg, der Partnergemeinde, aber nur auf der Durchreise. Sie freute sich trotzdem und erklärte mir den Weg zum Campingplatz. Sie hatte auch einen Plan von Lyon, samt Umgebungskarte, worauf auch Anse zu finden war, es war ja nicht mehr weit bis dorthin, das wollte ich dann am nächsten Tag anfahren.

Ich fuhr dann zum Campingplatz, genehmigte mir ein etwas günstigeres Chalet, wie in Chalon, und zur Begrüßung wartete doch tatsächlich neben dem normalem Begrüßungspäckchen (Toilettenpapier, Teebeutel, und so einige Kleinigkeiten) eine Flasche Beaujolais, der Platz hieß ja auch „Port du Beaujolais"! Nicht schlecht!

Was mach ich da eigentlich, wie alt bin ich eigentlich

Vor Lyon hatte ich ein wenig Bammel. Nicht nur, dass im Frühjahr dort ein vermeintlicher IS-Kämpfer jemand enthauptet hatte, im Nachhinein hat sich herausgestellt, dass es wohl eher ein privater Racheakt war, aber schlimm genug. Auf jeden Fall hatte ich mich schon gefragt, „will ich dahin? Wo man Menschen den Kopf abschneidet?"

Aber jetzt war ich doch tatsächlich schon so weit gekommen, was eigentlich sowieso ein kleines Wunder war. Für mich. Für sonst niemand, nur für mich. Phantastisch. Irgendwie auch irreal. Sicher es gab Leute, die weiß Gott wohin mit dem Fahrrad fahren, von Berlin nach Shanghai, tatsächlich! Oder auf Schotterpisten durch Kasachstan. Ich bewege mich normalerweise über größere Entfernungen ja nur mit dem Auto, ganz selten mal mit dem Zug. Das ist natürlich sehr viel schneller, aber auch das ist, wenn man es genau nimmt, schon schwer genug zu realisieren; dass man nach einem Tag Autobahn-Gerutsche nun schon am Meer oder im Hochgebirge sein soll. Aber es ist ja dann doch so, offensichtlich!

Oder ich gehe zu Fuß, ich wandere, sehr viel langsamer und schon eher nachvollziehbar. An einem Tag bis nach, nah z.B. Baiersbronn, oder Schiltach oder noch ein wenig weiter, altersgemäß eben.

Jetzt war ich aber dank hartnäckigen Strampelns doch tatsächlich kurz vor Lyon. Kaum zu glauben. Mit 63!

63. Wie alt ist man eigentlich, wenn man 63 ist? Auf jeden Fall nicht so alt, wie die Leute früher, zu unserer Kindheit, die 60, 65, waren. Wie alt war man nun wirklich. Ja, klar, es zwickte und zwackte mal hier und mal da, das Aufstehen am Morgen geschah des Öfteren auch nicht mehr mit dem gleichen Elan wie vor dreißig Jahren. Aber war man tatsächlich dreißig Jahre älter, wo war die Zeit geblieben, dazwischen, was war passiert. Kinder bekommen, beim groß werden zugesehen, alles so nebenbei, Arbeiten gegangen, zehn Jahre, fünfzehn, zwanzig, fünfundzwanzig. Und jetzt sollte man auf einmal alt genug sein, um aufzuhören? Mit 63, mit 65? Dem Gesetz nach ging´s mit 63.

Und, sich die Arbeit selbst einteilen können, selbst zu wissen oder sich selbst zu entscheiden, wie viel man sich gerade jetzt, in diesem Augenblick, abverlangt, das macht das tatsächliche Zwicken und Zwacken und die kleineren seelischen Untiefen allemal wett.

Insofern fällt es leichter zu glauben, man wäre jünger mit 63, als zum Beispiel unsere Eltern mit 63 waren.

Vielleicht ist es auch so.

Die Schule in Anse – ich musste mir manchmal Schulen anschauen

11. Tag, 22. September, Dienstag, Vormittag

Ich wollte also Lyon mit dem Fahrrad durchqueren. Der Campingplatz, den ich mir ausgesucht hatte, lag von Anse aus auf der anderen Seite, das flößte mir nicht nur wegen der IS – Kämpfer, sondern ganz einfach so ein mulmiges Gefühl ein. Würde ich die Schilder finden. Würde ich mich in diesem Straßengewirr, das unweigerlich auf mich wartete, zurechtfinden? Menschen, Autos, Straßenbahnen, einfach Verkehr. Autobahnen, Straßenschluchten, Industriegebiete. Würde ich das schaffen oder würde ich mich heillos verfranzen und irgendwo rettungslos in der Gegend herumirren? Mittellos und weit weg von zu Haus.
Aber es half alles nichts, alles Grübeln, das brachte man sowieso am besten möglichst schnell hinter sich.
Ich hatte nach einem etwas weinseeligen Abend die Nacht gut verbracht, war zur üblichen Stunde, so zwischen halb sieben und sieben, aufgewacht, hatte schnell gefrühstückt, noch ein Baguette für die Fahrt geholt und ab.
Die Strecke hinter Anse erwies sich als nicht besonders anspruchsvoll. Zwar ging es weiter an der Straße entlang, direkt neben der Saône, aber immer auf einem Fahrradstreifen. Es ging flott durch einige Dörfer, und nach etwa einer Stunde war ich schon in Neuville. Ich stieg ab, knipste mit dem Handy die Brücke ins Zentrum hinüber, kein großes Kunstwerk, eine Betonbrücke mit drei dicken Betonbögen, so sahen sie wenigstes aus, und schickte das Bild an Kati. Die Antwort kam prompt: „Ich kann mich noch dunkel erinnern." Neuville ist die Partnerstadt von Alpirsbach, wo Kati zur Schule ging, und sie war zwei Monate als Austauschülerin in Neuville, mit 16! Ich kann mich noch gut daran erinnern, wie wir sie bei der Gastfamilie abgesetzt hatten und sie dann so alleine in der Auffahrt stand, mutterseelenallein, als wir wieder davon fuhren.
Insgesamt fand sie es dann wohl doch ganz gut, mit vier Gastgeschwistern, fast wie zuhause.
Jetzt, beim Schreiben, habe ich es mir nochmal angeschaut: Ich hätte an einem der Bocuse Restaurants vorbeikommen müssen. Paul Bocuse, einer, wenn nicht *der* französischen Starkoch, inzwischen schon wer weiß wie alt, ist bekanntlich in Lyon beheimatet, wenn man´s weiß, wenn man´s nicht weiß, macht´s auch nichts. Auf jeden Fall erinnerte ich mich daran, dass wir damals, als wir mit Kati in Neuville waren, ich glaube, als wir sie glücklich wieder abholen durften, einen Abstecher nach Lyon hinein gemacht haben. Dabei waren wir an dem Restaurant vorbei gekommen. Nicht, dass ich jetzt dort hinein wollte, die feine französische Küche ist etwas für Gourmets und nichts für so einen Hungeresser wie mich, aber ich hätte gerne gewusst, ob es noch dort war und vor allem, ob ich mich noch richtig an dieses für deutsche Verhältnisse etwas kitschig geratene

Gesamtkunstwerk von einer Straßenfront erinnerte. Aber offensichtlich war ich abgelenkt, auf jeden Fall muss ich daran vorbei gefahren sein.

Ich hatte nämlich seit meiner Fotopause in Neuville mit einem schleichenden Plattfuß zu kämpfen.

Es begann damit, dass ich das Gefühl hatte, das Fahrrad würde hinten etwas schwammig fahren. Ich stieg ab und kontrollierte die Luft. Ja, da konnte noch etwas hinein. Ich hatte zwar ab und zu den Reifendruck kontrolliert, ihn aber immer für genügend befunden. Höchsten zwei drei Stöße hatten gefehlt. Jetzt waren es mehr. Nun, das konnte ja sein, dass man mal etwas mehr nachpumpen muss, kein Grund zur Besorgnis. Ich pumpte also und fuhr dann weiter. Jetzt schien es gut zu sein.

Wenig später war ich schon in Lyon, die Brücken häuften sich. Die Bebauung am Fluss wurde nicht wesentlich stärker, obwohl sich natürlich im Lauf der Zeit eine Menge herrschaftlicher Gebäude, Verwaltungsbauten und kleinere Industrie- und Handwerksbetriebe rechts und links am Fluss entlang angesammelt hatten, dahinter aber ging es das grünen Ufer hinauf, und was oben war, entzog sich meinen Blicken. Ganz in der Ferne ragten ab und zu einzelne Wohntürme hinter dem Grün hervor. Das war alles.

Ich fuhr immer noch auf dem Radweg, der zwischen Bürgersteig und Straße an der Saône entlangführte und dachte bei mir, wenn das nicht schlimmer wird, ist alles gut. Und ich hatte inzwischen auch nach einem erneuten Kartenstudium die fast sichere Überzeugung gewonnen, dass es tatsächlich einfach am Fluss weiterging. Auch war ich ja so früh dran, dass ich eigentlich nach einer Mittagspause, die ich im Zentrum verbringen wollte, nicht auf den Campingplatz fahren, sondern einfach noch weiterfahren wollte, mal sehen, wie weit ich noch käme.

Aber mein Hinterrad. Jetzt fing es doch wieder stärker an zu schwimmen. Das hatte alles keinen Zweck. Die Luft war schon wieder halb raus, ich musste das Rad reparieren.

Das Ortsschild hatte ich schon hinter mir, die Flussböschung war links durch eine Mauer vom Gehweg abgetrennt. Ich hielt und begann mein Gepäck abzubauen und halb vor und halb auf die Mauer zu packen. Daneben war eine Bushaltestelle und einige wartende Fahrgäste schauten mir interessiert zu.

Immerhin war das der erste Plattfuß auf meiner Fahrt, aber nachdem ich das Gepäck runter hatte, ging es doch recht schnell. Ich hielt mich nicht lange auf, anstatt umständlich den Schlauch zu flicken, zog ich einen neuen auf. Den kaputten konnte ich mir abends in Ruhe anschauen. In spätestens zwanzig Minuten hatte ich das Gepäck wieder drauf und fuhr wieder weiter Richtung Zentrum. Das war doch wieder etwas ganz anderes, das Rad rollte ruhig dahin und auch etwaige Unebenheiten oder manchmal ein bisschen Slalom um die Platanen herum, die jetzt angefangen hatten, meinen Weg zu säumen, schluckte mein Drahtesel anstandslos.

Und, wer saß denn da auf einer Bank und vesperte, meine Neuseeländer aus Macon. Hoch erfreut begrüßten sie mich und wir klönten ein wenig.

Aber ich wollte doch lieber ins Zentrum und so verabschiedete ich mich bald wieder.

Eine Kathedrale, deren beide Türme nur halb fertig geworden waren, und auf der Höhe eine goldene Maria, ich war im Zentrum angekommen. Im Grunde gibt es ja zwei Zentren, eines westlich, also rechts der Saône und eines zwischen Saône und Rhône. Laut Karte - ich hatte in der Touri-Info eine Gesamtkarte des Via Rhona ergattert - flossen die beide ja erst nach der Kernstadt zusammen. Ich beschloss auf meiner Seite zu bleiben, den Rest schenkte ich mir. Ich hatte keine Lust mich zur Mittagszeit noch länger als nötig aufzuhalten. Ich verspeiste neben Bankern und Bankerinnen in einer Bar eine Quiche aus einer Bäckerei, die man getrost in die Bar hatte mitnehmen dürfen, wo es den Kaffee gab.

Dann schob ich mein Rad ein wenig im Kreis herum und schaute mir das Viertel Saint Jean mit der Kathedrale Saint Jean Babtiste an, aber die Kathedrale selbst fand ich nun nicht so einladend, ich hatte ja inzwischen schon einige sehr beeindruckende Exemplare begutachtet. Und die goldene Marie dahinter auf der Höhe, die auf einem monumentalen Sakralbau nebst Türmchen, Kreuzen und Engeln thronte, war mir zu hoch oben, da hätte ich wahrscheinlich eine halbe Stunde die Hänge des Burgunds hinaufschieben müssen.

Nein, ich wollte ganz gerne noch ein Stück weiter, Lyon, ade!

Lyon sehen und ...

Lyon ist für mich nicht wegen seiner Rolle als zweit- oder drittgrößter Stadt Frankreichs, nicht wegen seiner wirtschaftlichen, sozialen und geschichtlichen Begebenheiten von Bedeutung, sondern weil es das Tor zum Süden war und schon immer mit Widrigkeiten verbunden.

In der Oberstufe hatte ein Klassenkamerad, dessen Eltern über das nötige Kleingeld verfügten, eine Ferienvilla in „la Grande-Motte". Dieses künstliche Ferienparadies, das eigentlich schon damals ein städtebauliches Monster war, erschien uns aber als das Ziel aller Sehnsüchte, konkreter und nebulöser Art. Wir waren eine Clique von sechs, sieben Schulkammeraden und kurvten mit zwei Enten in den längeren Ferien mehrmals vom Saarland aus dort hinunter. Meist fuhren wir abends los, wahrscheinlich am letzten Schultag.

Die Bilder dieser Fahrten sind mir im Kopf haften geblieben. Endlose Fahrten durch das nächtliche Lothringen, unbeleuchtete Dörfer, das Licht tastet sich durch verlassene Gassen, die Festung von Belfort bleibt auf einem Hügel zurück, kleine Städtchen mit rechteckigen von Platanen eingefassten Marktplätzen wechseln sich ab mit dünn besiedelten Landschaften. Die Scheinwerfer huschen durch die Dunkelheit.

Gegen Morgen erreichten wir die Autobahn und rasen, was die Enten hergaben, nach Süden. Nach Lyon. Man muss natürlich durch Lyon, daran führte kein Weg vorbei, wenn man an die Mittelmeerküste will.

Kurz vor Lyon hörte die Autobahn auf und wir wurden durch die Stadt gelotst. Ein nicht näher bekannter Straßenbauingenieur hatte damals in Frankreich sein Unwesen getrieben und vielen Großstädten Hochstraßen geschenkt, mit denen Kreuzungen überfahren werden konnten. Der Weg auf die verschiedensten Einfädelspuren war für uns Verkehrsneulinge eine spannende Sache und so landeten wir des Öfteren auf der falschen Spur und damit zwangsläufig in den benachbarten Stadtvierteln, natürlich ohne jegliche Form von Hinweisschildern. Wir irrten herum, versuchten uns zu orientieren und es dauerte meist eine halbe Ewigkeit, bis wir wieder hinausgefunden hatten. So bestand Lyon eben aus diesem Nadelöhr, durch das man schlüpfen musste. Und war einfach ein Hindernis, sonst nichts. Und das ist es vielleicht in meinem Kopf geblieben, ein ungeliebter Moloch, der im Weg steht und möglichst schnell durchfahren werden muss.

Die Saône in Lyon, nur links oben ein paar Wohntürme

Kathedrale Saint-Jean-Baptiste

Ein TV–Tempel am Quai Rambaud und das Musée des Confluences

11. Tag, Nachmittag

Ich schwang mich also nach einer dreiviertel Stunde Pause wieder aufs Rad und folgte dem Fluss weiter nach Süden. So, nun musste ja nach dem Zusammenfluss irgendwann der *Via Rhona* angefahren kommen, der Rhône Radweg, dem ich nun folgen wollte. Nach einer der Brücken müsste das erste Schild zu finden sein, entnahm ich der Karte. Weil der Radweg ja über die Saône musste, wenn er auf der rechten Seite weiter gehen wollte. Aber es kam keins. Da ich sicher war, dass es auf meiner, der Westseite weiter ging, radelte ich trotzdem einfach vorwärts. Kurz vor dem Zusammenfluss von Saône und Rhône reihten sich eine Anzahl futuristischer Sendeanstalten und Kongresszentren an der anderen Seite auf. Eins mit einem riesigen Graffiti verziert, das an Robert Crumbs Superweiber erinnerte.

Dann kam die Rhône. Den eigentlichen Zusammenfluss konnte ich leider nicht richtig sehen.

Ich musste nun doch ein wenig vom Fluss weg, rechts hinauf, weg von der Autobahn mit dem schönen Namen „*Autoroute du Soleil*", die auch von der anderen Seite gekommen war und nun doch am Fluss entlang führte. Aber Wohnblöcke versperrten mir den Durchblick zur Mündung, allerdings bemerkte ich schon bald, dass der Fluss, der da unter mir hin floss, ein gutes Stück breiter geworden war.

Jetzt war ich offensichtlich doch in einer der Trabantenstädte gelandet, aber alles ganz harmlos, mehrstöckige Wohnblöcke und Einfamilienhäuser wechselten sich ab.

Aber es ging immer weiter den Berg hinauf, Saint-Genis-Laval, Brignais. Ich zweifelte so langsam daran, ob das eigentlich stimmen konnte. Die nächste Gelegenheit würde ich wieder links hinunter fahren. Aber da war es, das Schild, der *Via Rhona*. Ich hatte ihn gefunden, oben in den Bergen, oder vielleicht besser in den Hügeln. Von irgendwo musste er wohl hergekommen sein. Ich war richtig!

Hocherfreut sauste ich hinunter und zehn Kilometer weiter war ich wieder am Fluss.

Und weiter ging's, durch kleine Städtchen, vorbei an Industrie- und Hafenanlagen, ich war im Rhônetal angekommen, einem der Hauptschlagadern Frankreichs, ich war gespannt, was die sie mir noch bringen würde. Hoffentlich nicht nur Verkehr und Abgase, sondern auch die gewohnten Fahrradwege, abseits der großen Straßen, vielleicht ein bisschen durch die Hügel, aber hoffentlich nicht zu viel.

Ich hatte ja in der sonst enttäuschenden Touristik Information in Lyon eine Gesamtkarte des Via Rhona bekommen, die mir nun zwar in einem recht großen Maßstab, aber doch recht genau, die verschiedenen Ausbauqualitäten des Radwegs aufzeigte.

Der erste unverbaute Blick auf die Rhône

Er war ja offiziell erst diesen Sommer eröffnet worden und noch nicht ganz fertig gestellt. Es gab auch Etappenvorschläge mit Kilometerangaben, mal sehen, wie nützlich sie mir sein würden. Momentan war ich auf der Etappe Numero acht, hinter Lyon.

Und rasch wurde es wieder ländlicher, das bisschen Geniesele, das eingesetzt hatte, machte mir nichts aus, ich kam vorwärts. Rechts auf der Höhe wieder Engels- und Marienstatuen und Wein, immer mehr Wein. Unten im Tal und natürlich an den Bergen. Ich war im Land des Côtes du Rhône.

Und dann tauchten auch noch riesige Namensschilder in den Weinbergen auf, offensichtlich war ich gerade in einer bekannteren Weinbaugegend: Guigal, Chapoutier, Bouserie, das sagte mir nichts, konnte es auch nicht, als jemand der eher Bier trinkt, kannte ich mich ja sowieso nicht aus.

Egal. Es war schön zu fahren und bald kam nun auch Contrieu, wo auf den gut aufgemachten Karten, die jetzt auch immer wieder am Weg standen, ein Campingplatz eingezeichnet war. Es war schon Nachmittag und jetzt war es wirklich genug. Ich kurvte noch durch ein, zwei, kleine Dörfer, wirklich nur zwanzig Häuser, keine Läden. Nur kleine Einfamilienhäuschen, auch mal ein Bungalow und ältere Bauernhäuser, meist auch eher klein, aber hübsch. Und dann tauchte eine größere Campinganlage mit dicht gedrängten Chalets auf, da war ich.

Ich bestaunte ein größeres Schild, das mir aber zu sagen schien, dass dies kein öffentlicher Platz, sondern eine Art Containersiedlung war. Hm! Eine Rezeption war auch nicht zu entdecken, was nun?

Côtes du Rhône

Ich fuhr in das Städtchen und fragte bei einem Bäcker nach, ob es noch einen anderen Campingplatz gäbe, „Non!" und ob dieser hier privat sei? „Oui!" Nah, super. Ich verließ den Laden wieder und fragte mich, was ich nun anstellen sollte. Ich hatte für heute wirklich genug, ich wollte nicht mehr weiter.

Kurz entschlossen fuhr ich nochmal zurück zu meiner Mobilhome-Siedlung. Ah, da war ja noch ein anderer Eingang und da vorne schien so etwas wie eine Rezeption zu sein. Zwar kam zuerst ein Verkaufshäuschen, wo die Einzigartigkeit der Chalets angepriesen wurde, daneben war aber noch ein zweites Häuschen, das war wohl die Rezeption. Die war aber zu.

Zwei ältere Damen, vielleicht etwas jünger als ich, kamen vorbei und gaben mir erfreut Auskunft. Worüber sie sich freuten war mir nicht ganz klar, vielleicht über mich? Wer weiß? Aber auf jeden Fall könne man hier etwas mieten. Sie käme gleich, sagte die eine. Ich freute mich auch.

Ich wartete kurz und erstand dann ein Chalets in der dritten Straße links, das zweite von vorne, für 50 €, dem Durchschnittspreis, für eine Nacht, ich hatte es schon einmal teurer gehabt. Ich war wieder einmal gerettet und würde sicher einen gemütlichen Abend haben.

Nachts knipste ich die gespenstische Szenerie der durch einige Laternen beleuchteten Chalets. Das ganze kam mir etwas irreal vor, eher wie in einem amerikanischen Film, gleich käme wahrscheinlich eine Horde Rocker auf ihren Harleys aus der Wüste daher und würden das verschlafen friedliche Präriestädtchen in Angst und Schrecken versetzen. Aber nichts geschah. Auch der Schlaf verlief ruhig.

Containersiedlung bei Nacht

12. Tag, Mittwoch, 23. September,

Die Rhône fließt breit und träge dahin, ich habe wieder leichten Rückenwind. Das war der Ausgleich für letzte Woche.
Nachts hatte es mal wieder ein wenig geregnet, davon ist aber heute nichts mehr zu spüren. Immerhin war ich so zu mindestens einen Teil meines schlechten Gewissens los. Immer dieser Luxus, sich ein Chalet zu leisten!! Wenigstens hatte ich also erstens nicht wieder nachts aus dem Zelt kriechen müssen und zweitens ..., zweitens war ich ja jetzt im Ruhestand!
 Welches Vergnügen: Kochecke, Tisch, Stühle, ein Bett, auf das ich allerdings nur immer meinen Schlafsack ausbreite, immerhin. Aber trotzdem, welch ein Vergnügen.
Und jetzt also wieder leichter Rückenwind. Warum nicht. Rechts in der Nähe steigt das Randgebirge des Massiv Central an, immer öfter begleiten mich imposante Felsformationen. Und auch in der Ferne, nach Osten, gibt es einen Felsabsturz, der das Gebiet der Rhônealpen begrenzt. Fast kommt man sich ein wenig wie im Donautal bei Sigmaringen vor, nur ist das hier natürlich viel breiter. Und der Wein, den gab es zumindest in Sigmaringen an der Donau nicht.
Aber irgendwas muss ja immer sein, das Knie muckt mal wieder und mir ist etwas komisch im Magen. Ich komme nach Tournon und will mich nicht lange aufhalten, sondern durchradeln. So hatte ich es vor. Aber zunächst suchte ich die Rhône. Eben war sie noch da, jetzt war sie weg. Ein so großer Fluss kann doch nicht einfach verschwinden. Links, wenn man da hindurch schaut, da müsste sie doch irgendwo sein. Aber nichts. Ich beschloss links ab zu biegen und irrte ein wenig durch die Gassen.

Engel, Heilige und Marien begleiteten mich durchs Rhônetal

Ah, da ist sie ja wieder. Sie macht hier schlicht und ergreifend einen Kniebogen. Verschwindet einfach nach Südosten, um aber kurz danach doch wieder nach Südwesten umzuschwenken. Ich suche mir ein kleines Kaffee. Dann laufe ich doch einmal um die Festung, die sich direkt vor meinen Augen gegenüber dem Kaffee erhebt, schließlich kann man das doch nicht einfach links liegen lassen und dann aber wieder weiter. Vielleicht ging´s meinem Magen auch schon wieder besser. Vielleicht!

Aber ich hatte wirklich keine Lust, dass es mir noch schlechter ginge. Also ging es mir wieder besser.

Und der Wind wurde stärker. Rückenwind! Na, wenn der sich nur nicht mal drehte. Ich befand mich wieder ziemlich genau in Südrichtung und er blies von hinten. Und der Himmel war immer noch bedeckt.

Mein Etappenziel war Valence. Als ich nach einem ziemlichen Anstieg von der Rhône weg eintrudelte und einen netten Polizeiabschleppwagenfahrer fragte, wo der Campingplatz wäre, sagte mir der, er sei geschlossen, schon länger! Für immer.

Toll! Ich fuhr ins Centrum dieses malerischen Provinzstädtchens, immerhin Hauptstadt des Départements Drôme, aber ich wollte mich nicht umsehen, ich suchte die Touristen Information, um nach einem Hotel zu fragen. Ich fand sie auch schnell. Nur das Hotel, das sie mir empfahlen, war belegt. Ich fragte noch in zwei anderen nach, die dort in der Nähe waren, auch voll!

In der Tourismus Information hatten sie mir noch einen anderen Campingplatz genannt, acht Kilometer weiter, also verließ ich dieses aus mir unerfindlichen Gründen aus den Nähten platzende Städtchen. Mir waren schon auch die vielen Touristen aufgefallen, vielleicht ein Fest, und der *Kiosque Peynet,* ein Musikpavillon, imponierte mir ebenfalls, anscheinend ein beliebtes Motiv für Hochzeitsfotos, wie er da direkt am Steilabhang zur Rhône lag. Aber mich zog es weiter, ich wollte wissen, wo ich die Nacht verbringen könnte. Immerhin war der Name des Städtchens, wo der nächste Campingplatz sein sollte, Charmes sur Rhône, recht vielversprechend.

Ich fuhr also zum x-ten Mal heute über eine Brücke - breite Brücken, schmale Brücken, Autobrücken mit Fußgängerweg und ohne, nur Fahrrad- und Fußgängerbrücken, Hängebrücken, Betonbrücken, und vor allem Brücken mit gemauerten, an Türme erinnernde Stützpfeiler, die hatten es mir besonders angetan. Der Fahrradweg war auf der anderen Seite verlaufen und von dort durch Gemüse und Obstanlagen, natürlich auch Wein, ging es also nach Charmes.

In einer halben Stunde – dank Rückenwind – war ich dort und Platz samt Chalet, zwar ein kleines, etwas speckiges Chalet, aber billig, gab es auch. Mir war der Zustand egal, ich rollte meinen Schlafsack auf dem Kinderbett aus, das andere Bett machte mir nun wirklich einen wenig einladenden Eindruck, aber Hauptsache, ich war da, ich hatte einen Platz für die Nacht.

Bei Charmes sur Rhône

13. Tag, Donnerstag, 24. September,

Morgens wieder alles schön zusammengepackt. In die eine Vorderradtasche das Kochgeschirr, das ich ja dank der Küchenzeile in meinem Chalet nicht gebraucht hatte, nur Instantkaffee etc., in der anderen Vordertasche waren die Sanitär-, Medizin- und Werkzeugutensilien. Hinten befanden sich auf der einen Seite die Wechselsachen für abends, auf der anderen Seite wurden die Ersatzkleidung, Waschbeutel und anderen Kleinigkeiten verstaut. Und in beiden die Essensration.

Dann kam der Gepäcksack für den Gepäckträger dran. Zuerst mal den Schlafsack hinein, dann das Zelt daneben und der kleine leere Tagesrucksack für die Ausflüge am Abend. Obendrauf die Regensachen, damit ich schnell dran kam. Die Isomatte in einer zusätzlichen Plastikhülle kam dann zuerst zwischen die Satteltaschen auf den Gepäckträger und dann der Gepäcksack quer obendrauf. Fertig. Das Lenkertäschchen mit dem Kleinkram, Tempotaschentücher, Geld, den Karten und die verschiedenen Cremes, die gute Kyttasalbe für die Knieschmerzen und Beinwell für die Beine, wurde ganz am Schluss befestigt. Dann war ich startklar.

Am Abend war ich noch kurz durch das Städtchen gestreift, das etwas oberhalb des Campingplatzes und der Rhône gelegen war und hatte eine kleine Burg bestaunt, die schon fast oben auf dem Plateau lag, sonst war nichts los. An einer Hauswand waren in Form eines aufgeschlagenen Buches die Schönheiten des Orts verewigt, das waren auch nicht mehr. Noch eine alte Brücke, die über einen Bach führte, der von oben herabstürzte, sich aber im Frühjahr und Herbst sicher in ein reißendes Flüsschen verwandeln konnte.

Am Morgen hatte mir Madame ein Baguette verkauft und nach dem Frühstück war ich wie gesagt startklar.

Zuerst ging es über zwei Brücken, zunächst auf eine kleine Insel und dann auf die andere Seite und dort durch Felder und Hecken nach Süden.

Blauer Himmel, fast wolkenlos! Das hatte ich bisher fast noch gar nicht gehabt. Ich war da ja inzwischen, was die Einschätzbarkeit des Wetters anbelangte, schon ziemlich vorsichtig geworden, aber das sah doch wirklich verheißungsvoll aus. Und wieder Rückenwind. Ich hatte es schon gleich bemerkt, als ich über die Brücken fuhr, dass mich der Wind von der Seite anblies, aber sobald ich wieder die Richtung nach Süden einschlug, kam er von hinten. Zuerst noch zahm, dann aber immer kräftiger. Ich kannte ja die Erzählungen vom Mistral, auch war ich einmal mit Auto und Wohnwagen hintendran sozusagen in die verkehrte Richtung gefahren, wir kamen von der Dordogne und mussten zuerst nach Süden, wo die Autobahn ein Knie nach Norden bildet, mehr als 70 Sachen waren Richtung St. Etienne nicht drin. Aber als ich dann nach Norden abbog, Richtung Lyon, flog ich förmlich mit 110 Km dahin, ganz schön schnell für unseren damaligen alten Citroen GS. Aber wie gesagt, der Mistral kommt von Süden und bläst das Rhônetal hinauf, nach Norden.

Die Rhône Hänge am Massif Central

Das hier war aber umgekehrt, der Wind blies geradeweg nach Süden. Und allmählich war es nicht nur mehr ein Rückenwind, es war schon fast ein Rückensturm. Aber mir war das recht, egal, wie er hieß. Allerdings musste man des Öfteren Acht geben, wenn man die Richtung wechselte.

Jedes Mal, wenn man abbiegen musste, weil der Radweg nach Osten oder Westen führte, weil die Mündung eines Flüsschens bis zur nächsten Brücke zu umfahren war oder aus einem anderen Grund und es dann wieder zurück zur Rhône ging, packte mich der Wind von der Seite, dass ich Angst haben musste, dass er mich nicht umriss. Die Brücken waren teilweise so schmal, dass ich lieber abstieg und schob. Auch die Brüstungen schienen mir nicht den geeigneten Schutz zu bieten, sondern eher dazu einzuladen, vom Fahrradsattel direkt über die Brüstung in den Fluss geweht zu werden, Auch fuhr der Verkehr manchmal so dicht an mir vorbei, dass ich in meinem Bemühen, die Spur zu halte, dann auch abstieg, das schien mir sicherer zu sein. Ich hatte keine Lust direkt vor einen LKW auf dem Asphalt zu landen. Aber oft ging es nun auch auf dem Damm entlang und ich kam fast in einen Rausch. Ich schoss dahin, ganz unverdient im Hier und Jetzt und fragte mich, ob das nun so weiterginge, bis ans Mittelmeer.

Unterwegs spektakuläre Landschaften, immer noch die Ränder des Zentralmassivs, hübsche Städtchen und gigantische Burgen.

Vor allem Rochemaure, das vom Namen her an die Besetzung der Mauren, der muslimischen Araber im 8. Jahrhundert erinnert, bildete mit seinen zwei Burgen einen imposanten Anblick. Sie thronten auf der Höhe über dem Städtchen und waren durch eine lange Mauer umgeben, die teilweise nach unten führte und auch den Ort umschloss.

Ich hatte aber kurz zuvor in Cruas, bevor ich mir einen Kaffee spendierte, ebenfalls eine Burg bewundert, die noch dazu im Ort lag, also musste ich mich nicht mit dem Gedanken plagen, ob ich diesen Mauren-Felsen jetzt erklimmen müsste oder nicht. Ich machte ein paar Bilder und fuhr daran vorbei.

Rochemaure

Zuvor hatte ich schon ein pittoreskes, um nicht zu sagen obskures Bild bewundert. Ich kam relativ dicht an den Türmen eines Atomkraftwerks vorbei, übrigens auch kurz hinter Cruas, und auf dem ersten Kühlturm war die gigantische Zeichnung eines kleinen Jungen angebracht, der auf oder über einer Bergspitze schwebte und mit Sand zu spielen schien. Ils sont fous, les Francais.

Einige Kilometer südlich hielt ich an einer besonders schönen Stelle, mit Blick auf den inzwischen mächtigen Strom an und vesperte. Das Wasser kräuselte sich im Wind und trug allerhand Äste mit sich. Der Fluss hatte hier schon fast die Breite eines großen Sees. Ich ließ mich im Windschatten auf einer Bootstreppe nieder, die hier mitten in der Gegend, zwischen zwei Orten, hinunter ins Wasser führte, und verdrückte meine Mittagsration. Morgen wollte ich eigentlich in Avignon ankommen und am Samstag mit dem Zug zurück nach Hause. Ganz schön weit weg, das Zuhause. Hier saß ich im Süden, an der Rhône und schaute auf das aufgewühlte Wasser. Ich selbst fühlte mich inzwischen überhaupt nicht mehr aufgewühlt, wie vielleicht noch am Anfang meiner Reise, sondern ziemlich geerdet.

Die Treppe war zwar nicht wirklich bequem, aber eine Bank war einfach nicht gekommen, so tat sie es auch. Auf jeden Fall war genügend Platz, um mein zur Tischdecke umfunktioniertes Abtrockenhandtuch auszubreiten und Brot, Käse, Wurst, Karotten und Schokoriegel, meine Mittagsration, darauf zu legen. So saß ich da, schaute auf den Fluss und überlegte mir auch ein wenig, wie das nun „im Ruhestand" wohl so werden würde und kam zu dem phänomenalen Schluss, dass ich das schon sehen würde. Mal abwarten, sich Zeit geben und nichts überstürzen. Auf jeden Fall Zeit haben! Das war das wichtigste. Ein Ast schwamm vorbei und das Wasser plätscherte munter und doch ziemlich unternehmungslustig, so hörte es sich wenigstens an.

Dann hatte ich aufgegessen.

Mein heutiges Tagesziel war eigentlich Pierrelatte. An diesem Abschnitt der Rhône beginnen einige große Inseln den Fluss zu teilen. Kurz hinter Rochemaure führt der Radweg vom Westufer weg auf die erste Insel. Ich fuhr also vom Ort weg geradewegs nach Osten, Richtung Rhône. Auf einmal erhoben sich vor mir die drei riesigen Pfeiler einer Fußgängerbrücke über die Rhône zur Insel. Sie erinnerten eher an Burgtore, als an Brückenpfeiler, der Radweg führte unter dem ersten hindurch. Dahinter war eine relativ lange, leicht durchhängende Fußgängerhängebrücke, die zum zweiten Turm führte. Und dahinter wiederholte sich das zum dritten Turm. Zwischen erstem und zweiten führte sie in nicht allzu großer Höhe über den Fluss, zwischen zweitem und dritten über Schilfgebiet. Man konnte nicht erkennen, ob darunter noch Wasser war oder schon Moor.

Ich stieg ab und schob mein Fahrrad über den ersten Abschnitt. Die Brücke schaukelte leicht.

Die Brücke und die Burg

Ich schaute zurück und sah, dass man in der Flucht hinter dem ersten Turm hinten auf der Höhe die Burg Rochemaure liegen sah. Ich kam mir ein bisschen wie aus der Zeit gefallen vor, wie im Mittelalter, die Burg, die Hängebrücke, das Schaukeln, nur dass diese Hängebrücke aus Metall und recht neu war. Und das Rad passte ja natürlich auch nicht dazu, aber das konnte ja eine Art Tragegestell sein, war es ja auch und ich war unterwegs vom Abend- zum Morgenland.

Auf der Insel ging es nun hauptsächlich durch Gemüsefelder und Bauerndörfer geradewegs nach Süden, auf der Ostseite lag Montélimar und ich schaute hinüber. Dann ging es auch mal wieder auf die Westseite, immer hinüber und herüber. Auf einer der Brücken versuchte ich es mal mit einem Bild mit Selbstauslöser, aber ein freundlicher Mann kam und ich fragte, ob er mich nicht fotografieren könnte. Er machte zwar Witze darüber, dass er ja auch mit dem Foto davonlaufen könnte, knipste mich aber dann bereitwillig. Bald kam eine zweite noch weit größere Insel und ich machte nochmal eine kurze Rast, diesmal auf einer Bank, die in einem windgeschützten Eckchen stand. Ich schaute mir das Schilf an, das sich im Wind bog, brach aber bald wieder auf, weil es nicht mehr weit nach Pierrelatte war. Gleich darauf ging es mal wieder runter vom Deich und im Schuss um die nächste Kurve, so kam man gut voran.

Dann war ich in Bourg-Saint-Andreol, dem Zwilling von Pierrelatte, auf der rechten Seite. Um 14 Uhr dreißig war ich dann schon am Platz. Ich fragte den Platzwart wie weit es am nächsten Tag dann noch bis Avignon wäre und er meinte, „Oh, das ist weit mit dem Fahrrad, 95 km".

Den Fotoapparat hat er doch nicht geklaut

Ich überlegte mir, ob ich nicht doch noch ein wenig weiterfahren könnte. Sonst hätte ich morgen Abend ja gar keine Zeit mehr, mir Avignon anzuschauen und mit Rückenwind kam ich mir ja sowieso wie mit dem E – Bike vor, höchste Antriebsstufe. Da könnte ich doch ruhig noch ein bisschen fahren. Er füllte mir die große Flasche mit einem Energiedrink auf, keine Ahnung was das war und zeigte mir noch auf der Karte nach der Insel den seiner Meinung nächsten Campingplatz, das war schon noch ein Stück und ich machte mich wieder auf den Weg.

Immer wieder musste ich auf der Straße fahren und so gut die Radwege beschildert waren, dazwischen gab es Lücken, wie ich sie auch auf meiner Via Rhona Karte erkennen konnte, da war er nur gestrichelt und dort konnte man die Radwegschilder dann suchen gehen. Manchmal waren es nur kleine Sträßchen, hin und wieder aber auch eine Überlandstraße, wenig schön und mit erheblichem Verkehr.

Zunächst ging es weiter über die Insel, zwischen Gemüsefeldern und Getreide hindurch und dann verlies ich die Insel und wechselte in Pont-Saint-Esprit wieder auf die Westseite. Ich erreichte im Niemandsland hinter einem Ort direkt am Fluss ein großes Schild, das Hinweisschild für einen Campingplatz. Der Asphaltweg hatte, was selten vorkam, schon eine Zeit lang aufgehört und war in einen festgefahrenen Feldweg übergegangen. Vom Platz war allerdings nichts zu sehen. Dafür war aber quer über das Schild ein Textstreifen geklebt, auf dem Stand „Fin del la Saison" - Ende der Saison.

Von der Brücke runter geknipst: Bei Pont-Saint-Esprit

Also weiter. Ich visierte ein etwas weiter entfernt liegendes Städtchen an, Chusclan, das schien nicht nur ein Dorf zu sein und hoffte dort auf eine Gaststädte oder zumindest Gästezimmer, Chambres d'Hôtes. Eine Herberge gab es zwar, aber heute geschlossen. Sonst nichts, da tröstete auch der kleine Dorfplatz mit einer Dorflinde wenig.

Weiter ging es auf der Straße. Orange, das müsste doch die richtige Richtung sein. Oder zumindest der nächste größere Ort. Sechs Kilometer. Für den ersten Kilometer brauchte ich zehn Minuten, wahrscheinlich wäre ich besser gelaufen. Der Wind hatte gedreht und mich voll von vorne gepackt. Ich lehnte mich in gebückter Haltung über die Lenkstange, um weniger Widerstandsfläche zu bieten. Egal. Mit aller Kraft stemmte ich mich in die Pedale. Bis dort vorne, nach der Unterführung, dort ist ein Schild, da kann ich sehen, wie weit es ist: „Fünf Kilometer", stand dann drauf!

Das konnte nicht sein. Ich war total erschöpft. Ich suchte die Karte heraus und schaute mir an, wo ich da eigentlich hin fuhr. Kein Wunder. Ich war fast wieder zurück gefahren, Orange lag von hier aus fast im Nord-Osten. Das hatte ich falsch in Erinnerung, das hatte keinen Sinn.

Ich drehte wieder um und fuhr zurück nach Chusclan, nach Süden. Die Orte, die da kamen, waren nicht so besonders vielversprechend. Egal, wenn ich nichts fand, würde ich mir einfach hinter einer Hecke das Zelt aufschlagen und dort nächtigen. Wasser hatte ich ja noch genug. Sonst brauchte ich nichts.

Châteauneuf-du-Pape, der nächste größere Ort, war noch ein gutes Stück weg. Jetzt ging es wieder schneller. Ich befand mich auch bald wieder an der Rhône und eigentlich fuhr das Fahrrad inzwischen ja schon von selbst. Der Hintern zwickte zwar ein wenig und die Beine brannten, aber was soll's. Inzwischen war es schon fast halb sechs Uhr, so lange war ich bisher noch nie gefahren. Ich strampelte weiter. Noch ein Dorf und noch ein Dorf, keine Gaststätten und keine Fremdenzimmer.

Um halb sieben war ich in Châteauneuf-du-Pape. Noch einen letzten Hügel hinauf, auf einer Kuppe, ziemlich hoch über dem Rhônetal, lag der kleine Felsenort.

Kurz zuvor, ich hatte gerade das nahende Ortsschild als das richtige identifiziert, dämmerte es mir. Châteauneuf-du-Pape, war das nicht dieser bekannte Weinort, Heimat des berühmten Côtes du Rhône gleichen Namens, Châteauneuf-du-Pape. Na, da würde es doch sicher wieder total voll sein, da bekäme ich doch garantiert kein Zimmer. Ich radelte in den Ort hinein. Rechts und links an der Straße geparkt etliche noble Karossen, da war ich richtig, da gehörte ich hin. An eine Stätte des exklusiven Weingenusses. Aber wer sagt es denn, da stand ein Schild: „Campingplatz". Wunderbar, das war meine Adresse, egal was es kostete, die würden ein Plätzchen haben.

Und, was war das, einhundert Meter weiter stand ein Straßenschild: „Avignon 14 km". Ich war kurz vor Avignon. Kaum zu glauben. Aber das konnte bis morgen warten. Nur mit den 95 km, das konnte irgendwie nicht gestimmt haben!

Ich schoss dem Campingplatzschild folgend den Berg wieder hinunter und war mir auch gleich sicher, dass ich heute Abend auf keinen Fall den Berg nochmals hinauf fahren würde, gleich, wo ich nun wirklich hinkäme. Durch Weinfelder ging es, vorbei an dem ein oder anderen Weingut, bis ich zu einem Wäldchen kam. Dort versteckte sich der Platz, der auch noch den schönen Namen „*L´Art du Vivre*" trug – Kunst des Lebens. Und genügend Platz gab es auch. Ich baute zur Abwechslung mal wieder mein Zelt auf, in der Nähe einer Picknickbank, obwohl sie so schöne Hütten hatten, wie in Neuf Brisach. Die aber waren besetzt und etwas anderes wollte sie mir für eine Nacht nicht geben. Auch egal, nur dass die Bar dann, nachdem ich aufgebaut hatte und es inzwischen schon nach acht Uhr war, schon geschlossen hatte, das fand ich jetzt wirklich ein wenig ärgerlich.

Und dann gab auch noch mein Kocher den Geist auf, jetzt am vorletzten Tag. Das Gas entwich. Ich merkte es Gott-sei-Dank noch bevor ich ihn anzündete. Er war offensichtlich undicht geworden. Kein Wunder, bei geschätzten 20 bis 30 Jahren Alter.

Ich ließ das Gas ganz entweichen und kochte mir mein letztes Tütensüppchen auf dem Kocher, den ich neben den Spülbecken am Versorgungshäuschen fand. Er war dort fest installiert.

So wurde es dann doch noch etwas mit einem warmen Abendessen. Und ich konnte es mir auf der Bank gemütlich machen, was will man mehr. Auch wurde der Abend sowieso nicht mehr so lang. Nachdem ich auch mein Gepäck kurz entschlossen einfach außerhalb des Zeltes mit dem Regencape verschnürt hatte, konnte dem auch nichts mehr geschehen, zu mindestens wenn es regnete, aber es sah sowieso nicht so aus. Also konnte ich mich dann beruhigt schlafen legen.

Châteauneuf du Pape

14. Tag, Freitag, 25. September,

Es war ja klar, es konnten per Vélo nach Avignon nicht mehr wie 20, 25 Kilometer sein, wenn es mit dem Auto 14 waren.

Nun war es aber so, dass ich am Abend zuvor noch mit Elvira telefoniert hatte. Und sie hatte mir berichtet, dass meine lieben Kollegen, beziehungsweise ehemaligen Kollegen, deren Kommentare zu meiner Reise sie mir auch schon in den letzten Tagen des Öftern berichtete hatte, nun beim morgendlichen Zusammensein vor dem Unterrichtsbeginn eifrig diskutieren wollten, ob ich bis zum Meer oder nur bis Avignon fahren würde. Die eine Fraktion hatte betont, dass es ja nun nicht mehr weit zum Meer wäre, was ja sowieso keiner geglaubt hätte, dass ich so weit käme, alleine! Die andere Fraktion, hauptsächlich Günter, mein Altersgenosse, der noch die Stellung hielt, und noch einige andere mir wohlgesonnene Mitglieder des Kollegiums, vertraten die Meinung, dass es ja sowieso schon weit genug sei, und dass ich meine Gründe hätte, wenn ich nur nach Avignon fahren würde. Ich war nun tatsächlich etwas wankelmütig geworden, ob ich nicht die 55 km noch weiter fahren sollte und beschloss aber am Morgen, die Entscheidung der Bahn zu überlassen.

Es war ja immer noch sehr windig, wie die vergangenen Tage und es war klar, wenn ich bis ans Meer führe, käme ich nicht mehr zurück. Wenigstens nicht mit dem Fahrrad. Gewissermaßen vom Wind ans Meer genagelt, würde ich dort hängen bleiben, bis er eines schönen Tages aufhören würde zu blasen. Zunächst vor Erschöpfung zu Boden gesunken, würde ich erst dann, wenn ich mich erholt hätte, die Heimreise antreten können. Also würde ich ein solches Abenteuer nur eingehen, wenn sichergestellt wäre, dass ich von Port St. Louis du Port, wie mein eventueller Zielort am Meer hieß, mit der Bahn wieder wegkäme, kurz, wenn es einen Bahnhof gäbe. Solcherart von der schwierigen Entscheidung befreit, machte ich mich munter auf den Weg nach Avignon, dort würde es sich dann zeigen, ob noch weiter bis ans Meer oder nicht.

Auf der Karte sah ich, dass ich wegen der Lage des Campingplatzes etwas abseits der vorgeschlagenen Rute war, zunächst also nicht den Fahrradweg nehmen konnte, sondern erst später wieder darauf stoßen würde. Ich fuhr nun also durch einige größere Vororte von Avignon und fast, wie zu erwarten, verfranzte ich mich mal wieder und fuhr zum x-ten Mal in einem Industriegebiet herum, fand aber doch recht schnell wieder hinaus und entdeckte dann auch noch ein normales Fahrradzeichen. Doch als ich dem folgte, befand ich mich auf einmal auf einer vierspurigen Straße. Das war mir die ganze Zeit noch nicht passiert. Zwar mit einem breiten Randstreifen, aber vierspurig! Aber das Fahrradzeichen war eigentlich eindeutig gewesen. Also fuhr ich auf dem Randstreifen weiter.

Etwas weiter vorne standen zwei Polizisten bei ihren Motorrädern. Sie sagten aber auch nichts, als ich an ihnen vorbei fuhr, also würde es wohl schon richtig sein. Und

Ankunft in Avignon

siehe da, noch über eine Ampelanlage und dann wurde die Straße wieder nur zweispurig, zwar immer noch sehr breit, aber auch noch mit einem Fahrradstreifen versehen.

Ich radelte weiter und plötzlich stand da zwischen den Häusern dieses Schild: „Avignon"! Ich war einigermaßen erstaunt. Ich war vielleicht gerade eine Stunde unterwegs. Ich folgte der Einfahrtsstraße und stand zwanzig Minuten später vor der Stadtmauer. Ich war da! In Avignon.

Durch eines der vielen Tore betrat ich die Stadt und suchte durch ein unübersichtliches Straßen- und Gassengewirr, das Zentrum. Mit Hilfe einer Straßenkarte fand ich dann schließlich die zentrale Kreuzung und nicht weit davon entfernt das Informationsbüro. Ich sperrte mein Fahrrad ab und ging hinein, um mich zu erkunden, ob es in Port St. Louis einen Bahnhof gäbe. Es gab keinen! Ich forschte nicht noch länger nach, kam auch gar nicht auf die Idee, nach einem Bus zu fragen, die Sache war entschieden. Ich konnte in Avignon bleiben! Im Grunde war es ja auch das, was ich wollte, denn mir war es auch wichtig am Samstag zurückzufahren, damit Elvira und ich am Sonntag noch ein bisschen Zeit hatten, bis der normale Betrieb wieder los ging.

Die Dame am Auskunftsschalter zeigte mir, wo die Campingplätze waren, auf einer Insel in der Rhône, und ich schlängelte mich wieder durch die Gassen, bis ich das gewünschte Ausfalltor fand. Ich überquerte mit heftigem Rückenwind eine Brücke und sah von Ferne das erste Mal die *Pont d´Avignon*.

Sur le Pont d`Avignon
On y danse
On y danse
Sur le Pont D´Avignon
On y danse
Tout en rond

Ein Schlager aus den Sechzigern, der die Brücke überall bekannt gemacht hatte.

Sie stand, wie seit fast 400 Jahren, nur noch halb im Fluss, die andere Hälfte war ja nach einigen heftigen Hochwassern abgebrochen und man hatte sie als Brücke aufgegeben. Es stehen nur noch vier Bögen, die nach etwa zwei Drittel mitten im Wasser enden.

Der Campingplatz war dann auch bald gefunden und ich buchte zur Abwechslung mal ein Mietzelt, auch ganz nett. Zwei Schlafkabinen, offensichtlich eine zu viel, und davor ein Aufenthaltsbereich mit Stühlen, Tisch, Kochecke und Eisschrank, nur auf die Toilette oder zum Duschen musste man zum Toilettenhäuschen.

Nachdem ich mich eingerichtet und etwas gegessen hatte, wollte ich mir die Stadt ansehen und auf dem Bahnhof die Karte für die morgige Rückreise kaufen.

Der Rückweg in die Stadt war gegen den Wind etwas mühsam, aber ich fand dann doch zum Bahnhof und suchte mir einen Schalter.

Wie ich mir das schon überlegt hatte, wollte ich per Regionalverbindung die Rückfahrt nach Straßburg buchen. Dort wollte mich Elvira abholen.

Der Schalterbeamte sagte mir jedoch etwas erstaunt, das ginge nicht.

Da war ich aber anderer Meinung. Ich zeigte ihm meinen Reiseausdruck, den ich zu Hause ausgedruckt hatte und er studierte ihn. Ja, das wäre wohl richtig, aber ob ich denn nicht mit dem Nachtexpress nach Straßburg fahren wollte, heute Abend. Nein, das wollte ich nicht. Ich hatte mich schon darauf eingestellt, heute noch den Rest des Tages in Avignon zu verbringen und den Zeltplatz hatte ich ja auch schon bezahlt.

Er sagte wohl etwas in der Art, wenn ich das unbedingt wollte, könnte mir das auch rauslassen, aber ich müsste einige Male umsteigen. Ich sagte ihm, dass das in Ordnung sei.

Er musterte mich nochmals etwas eingehender und meinte dann wohl, wenn es unbedingt sein müsste, könnte er das auch machen und begann die einzelnen Fahrscheine auszufüllen und auszudrucken. Fünf an der Zahl, für jeden Zug eine: Von Avignon nach Lyon, dann nach Dijon, weiter nach Belfort, Mulhouse und Strasbourg, Straßburg, plus den Verlaufsplan. Abfahrt 9 Uhr 24, Ankunft 00 Uhr 26. Dazwischen mehrere längere Aufenthalte, am längsten in Mulhouse, da waren es zwei Stunden!

Anschließend fragte er mich, wie alt ich sei. Etwas verdutzt antwortete ich zunächst, weil ich nicht ganz sicher war, ob er das auch wirklich gemeint hatte, ob er wissen wolle, wie alt ich sei. Ja, wie alt, wegen der Ermäßigung, erwiderte er. Ich sagte es ihm, er nickte und berechnete den Preis: 67 €, das Fahrrad war gratis.

Ich war schon beinahe erschüttert vor Begeisterung.

67 €, kaum zu glauben. Aber es war so! Ich bezahlte, bedankte mich vielmals, steckte die Fahrkarten an einen sicheren Ort und ging wieder raus zu meinem Fahrrad.

Diese Regionalverbindung war notwendig, weil es in Frankreich mit dem TGV nur noch vier Verbindungen gab, alle über Paris, bei denen man das Rad mitnehmen konnte, ohne das Gepäck abzubauen und das Rad halb zu zerlegen. Die Alternative wäre der Fernbus gewesen, dann hätte ich aber auch vorher buchen müssen, das wollte ich nicht. Und das Rad in den Kofferraum zu schieben, war wohl auch nicht ganz so leicht, beziehungsweise schonend für das Fahrrad und wohl auch nicht in jedem Fall möglich. Der Nachtexpress, den ich im Internet gar nicht gefunden hatte, angeblich gäbe es ihn nicht mehr, schied auch aus, siehe oben und weil ich ganz gerne auch bei der Rückfahrt etwas sehen wollte. Also vier Mal umsteigen!

Avignon

Papstpalast? Richtig, da war doch was: Im Mittelalter, die Gegenpäpste, die residierten in Avignon. Kein Wunder, dass ich, nachdem ich die Fahrkartensache erledigt hatte und begann mich ein wenig in der Stadt umzusehen, erstaunt auf dem *Place du Palais* stand und den gigantischen Papstpalast bestaunte. Eine Mischung aus Festung, Herrschafts- und Sakralbau. Direkt daneben die *Kathedrale Notre Dame des Domes* und das *Petit Palais*, das heute den Bischofssitz beherbergt.

Als ich wieder hineingefahren war, hatte man von der recht hohen Pont Daladier aus einen guten Blick auf die ganz von einer intakten Mauer umgebene Stadt. Die Stadtmauer selbst wird durch die 39 Türme und sieben Haupttore gegliedert. Das Gewimmel der Gassen mit ihren unzähligen mittelalterlichen Häusern wird von der Papstburg und der Kathedrale überragt, die noch dazu auf einem niederen Hügel stehen.

Bei meinem zweiten Besuch am Abend, ich wollte noch etwas Essen gehen, hatte aber vorher noch ein wenig Zeit, erstrahlte der Palast und der Platz noch zusätzlich hell schimmernd im Abendlich der untergehenden Sonne.

Ich spazierte ein wenig durch die Gassen und beschloss der *Pont d´Avignon* auch einen Besuch abzustatten. Ich folgte den Richtungspfeilern, die mich zur Brücke führen wollten, nur um wieder dort anzukommen, wo ich vor zehn Minuten gestartet war. Ich hatte mich von Stadttor aus kommend die Gassen hoch geschlängelt, mein Rad teilweise sogar Treppen hoch getragen, um dann schließlich auf dem *Place du Palais* zu stehen und ihn zu bestaunen.

Pont d´Avignon und Blick auf Avignon von der Pont Daladier

Papstpalast (oben) und Blick auf den Mont Ventoux (unten)

Dann ging es nach links durch weitere Gassen und wieder hinunter, klar der Eingang zur Brücke musste ja tiefer liegen, so hoch war sie ja nicht. Da kam ich aber wieder zu meinem Stadttor.

Noch mal das Gleiche!

Irgendwo musste ich ja den Durchgang übersehen haben. Ich folgte wieder den Pfeilen, war bald wieder vor dem Palast, immer noch ein schönes Bild, die Innenansicht mitsamt Museum hatte ich mir gespart, das war mir zu teuer, und dann wieder hier links und dann ging es wieder hinunter. Und wieder unten. Nun war ich als Nicht Smart-Phone Besitzer und ohne den Zugriff auf mannigfaltige Apps ratlos. Wie konnte das denn sein. Ein Brückeneingang musste doch zu finden sein. Ich kannte ja auch andere mittelalterliche Brücken, zum Beispiel die „Alte Brücke" über den Neckar in Heidelberg, da war der Eingang auch nicht so groß, sondern ging durch ein recht enges Brückentor. Aber er war doch ohne Probleme zu finden!

Ich wollte sowieso noch Elvira anrufen und mit ihr die morgige Rückreise besprechen. Das tat ich dann auch, sie schluckte ein wenig, als ich ihr berichtete, wann ich in Straßburg ankäme. Dass es wohl am Abend sein würde, hatten wir ja schon vorher, vor der Tour, besprochen. Also war der Schock nicht ganz so groß. Am Ende des Telefonats fragte ich sie dann noch, ich hätte gerade den Brückeneingang gesucht und nicht gefunden, was ja irgendwie nicht glaubhaft war. Ob sie nicht mal kurz bei Google nachsehen könnte, ob sie etwas über den Zugang zur *Pont d´Avignon* finden könnte, damit ich dann auch „Sur le Pont d´Avignon, on y danse" singen könnte. Sie lachte, versprach aber nachzusehen und ich sagte, ich würde in zehn Minuten nochmal anrufen.

Das tat ich dann auch und sie erzählte mir, so wie sie das verstanden hätte, wäre der Eingang wohl in einem eigenen Museum untergebracht und das hätte schon zu! So etwas hatte ich mir schon fast gedacht. Dann müsste die Brücke eben ohne meinen Besuch auskommen.

Also blieb ich einfach noch ein wenig auf dem vom schrägen Abendlicht durchfluteten Platz du Palais und bewunderte nicht nur den Palast, sondern auch die kleinen teilweise äußerst schmalen Häuschen auf der anderen Seite, gegenüber. Anscheinend war dort der Baugrund schon im Mittelalter recht teuer, deshalb hatte mancher Bauherr schmal in die Höhe gebaut. Bei einem der Häuser, ein eher schmuckloser dreistöckiger Wohnbau, hatte man den Eindruck, er sei nicht breiter als zwei Meter fünfzig.

Nun hatte ich aber Hunger und es dürfte wohl auch schon spät genug sein, um etwas zu essen zu bekommen.

Ich musste dann allerdings feststellen, dass hier die sprichwörtliche späte Essenszeit der Franzosen wohl auch nicht mehr stimmte, auf jeden Fall gab es in drei Restaurants draußen keine Menus mehr, man hätte hineingehen müssen, das wollte ich aber nicht, also setzte ich mich auf dem *Place du Horloge* gegenüber dem Hotel de Ville in eine Pizzeria, die hatten offensichtlich keine Probleme mit der Uhrzeit, und verspeiste eine

Pizza. Ich kam mir wieder reichlich aus der Zeit gefallen vor. Unter einer großen Markise schaute ich auf den nur hier und da durch eine Laterne beleuchteten Platz.

Einige späte Fußgänger waren noch unterwegs, aber im Großen und Ganzen hatte der Betrieb auf den Straßen doch deutlich nachgelassen. Einige Halbwüchsige ließen große Seifenblasen schweben, ich versuchte sie zu knipsen, aber das wurde natürlich nichts. Könnte ich jetzt noch weiterfahren, bis ans Mittelmeer, dann noch ein wenig daran entlang und dann auf den *Canal du Midi* einbiegen und Richtung Atlantikküste, quer rüber?

Im Moment nicht, vielleicht ein ander Mal, von hier aus. Das Rhônetal war doch eine recht ermüdende, wenig abwechslungsreiche, breite Angelegenheit geworden, zum Ende hin. Es wurde Zeit, dass ich nach Hause kam, sehen, wie es weiter ging, mit meinem neuen Lebensgefühl.

Das war also mein Avignon. Morgen noch die Zugfahrt nach Straßburg und dann mit Elvira und dem Auto nach Wälde.

Am Place du Palais

15. Tag, Samstag, 26. September, Rückfahrt

Ich war natürlich rechtzeitig am Bahnhof mit meinem beladenen Fahrrad und war gespannt, wie das nun funktionieren würde. Klappt das, die Treppen auf und ab, und dann war in den Zügen auch genügend Platz, würde ich auch rechtzeitig die Fahrradwagons finden, Regionalzüge hielten ja oft nicht so lange. All das ging mir natürlich im Kopf herum und piesackte mich ein wenig.

Aber ich brauchte keinen Grund zur Besorgnis zu haben. Der Einstieg war ebenerdig und leicht begehbar, das Fahrradabteil hatte ich schnell gefunden und ich brauchte meine Taschen nicht abladen. Es war genügend Platz für die vier Fahrräder, die es dann wurden. Der Zug war zwar ziemlich voll, aber ich ergatterte sogar einen Sitzplatz in der Nähe des Rads, damit ich es ein wenig im Auge behalten konnte.

So blieb es auch im Grunde. Ich hatte ja immer genügend Zeit zum Umsteigen, lernte zwar die unterschiedlichsten Kennzeichnungen der Radabteile kennen, fand sie aber doch immer recht schnell und mit einer Ausnahme, war auch genügend Platz für mein Rad da.

Nur in Lyon, schon beim ersten Umsteigen, musste das wohl eine Art überregionaler Regionalzug sein, der vom Lyoner Bahnhof *Part-Dieu*, benannt nach dem gleichnamigen Stadtteil *Part-Dieu* – (Stadt-)Teil Gottes, nach Dijon fuhr, und weiter nach Paris, wenn man wollte. Auf jeden Fall war das Zeichen am Zug schon besonders klein, die Eingangstür drei Stufen hoch, die ich das Fahrrad hochwuchteten musste, um dann innen vor einem ca. ein auf ein Meter großen Verschlag zu stehen, wo die Räder dann aufgehängt werden mussten. Dann hatten sie Platz, vielleicht vier nebeneinander, außer wenn eins mit voller Gepäckausstattung dabei war. Mir war gleich klar, dass ich mein Rad nicht dahinauf gestemmt bekam, ohne dass es irgendwo hängen blieb. Das heißt ich versuchte es, aber mit wenig Erfolg. Die andern Reisenden, die hinter mir gewartet hatten, suchten sich derweilen einen anderen Einstieg. Ich hängte also die Vordertaschen aus und verstaute sie, so gut es ging auf dem Boden. Dann ließ sich das Rad aufhängen. Einen Sitzplatz gab es allerdings doch gleich daneben im Abteil, wenigstens das.

Aber sonst ging es immer glatt. Einmal half mir ein junger Mann die Treppen im Bahnhof hoch, aber sonst gab es meist Aufzüge, mit denen ich ganz bequem hinauf oder hinunter konnte. In Belford, in der Bahnhofshalle, handelte ich mir einen Rüffel eines aufmerksamen Bahnbeamten ein, weil ich kurz um die Ecke gegangen war, um mir ein Sandwich zu kaufen. Ich dürfe das Fahrrad nicht so unbeaufsichtigt stehen lassen. Ich bedankte mich höflich.

Und so kam ich gegen Abend in Mulhouse an.

Dort hatte ich nun fast die doppelte Wartezeit, wie an den anderen Bahnhöfen, wo es sich meist um etwas weniger oder mehr wie eine Stunde gehandelt hatte. Fast zwei Stunden. Ich betrat eine größere Halle und entdeckte recht bald, dass es einen langen Gang mit einer ebenfalls langen Reihe Bänke gab, der zu einer weiteren Bahnhofshalle

Das Klavier am Mulhouser Bahnhof

führte. Es war schon fast dunkel draußen und einige Leute saßen und standen in dieser Halle herum.

Bisher hatte ich ja, was die Besucher der Bahnhöfe anbelangte, Glück gehabt. Angesäuselte, oft auch jugendliche Dauergäste, wie man sie oft in Bahnhöfen finden kann, waren mir noch keine begegnet. Ich stand noch ein wenig herum, und hatte noch kein Plätzchen ausfindig gemacht, wo ich das Fahrrad möglichst neben mir hatte und mich aber auf einer Bank niederlassen konnte, als Klavierklänge durch den Gang hallten. Ich achtete zuerst nicht darauf, als aber noch jemand, offensichtlich nicht aus einer Konserve, sondern live, anfing dazu zu singen, wurde ich neugierig und sah etwas genauer hin. Richtig, am andern Ende des Ganges stand ein Klavier, mitten im Gang, drum herum war eine kleine Schar Menschen versammelt, jemand spielte und eine Frau sang einige Lieder dazu.

Zunächst dachte ich, dass sei die Initiative des Klavierspielers. Ich ging etwas näher, dort gab es auch einen Platz, und beobachtet die Szenerie ein wenig.

Aber nach einiger Zeit hörte die Frau auf zu singen und auch der Klavierspieler verlies wenig später den Bahnhof. Und ein anderer setzte sich an dessen Stelle und spielte auch einige Stücke. Eine seltsam friedliche Atmosphäre lag über der Halle, die Leute schienen sich leiser zu bewegen, überhaupt sich leiser zu benehmen, als das normalerweise in Bahnhofshallen der Fall war. Auch in der Zeit zwischen verschiedenen Spielern schien diese Atmosphäre anzuhalten. Einmal setzte sich ein wohl doch etwas gegen die Strich gebürsteter junger Mann an das Klavier, der stümperte ziemlich a-musikalisch darauf herum, aber es schien mir so, als ob jemand etwas gesagt hätte, nicht besonders laut, auf jeden Fall ließ er es bald wieder bleiben ohne irgendwelche zu lauten Sprüche abzulassen und die ursprüngliche Stimmung stellte sich wieder ein.

Fast war ich ein wenig traurig, als ich den Mulhouser Bahnhof dann doch wieder verlassen musste, aber natürlich war ich auch froh, dass es weiter ging, nach Straßburg, dem letzten Teilstück.

Pünktlich um 00 Uhr 26 kam ich dort an und freute mich auf Elvira und Kalle, der war natürlich auch dabei.

Wir verließen den Bahnhof und gingen zunächst ein Falafel essen und erfreuten uns am nächtlichen Straßburg. Dann erklommen wir mit unserer alten Kutsche den Schwarzwald.

Kleiner Überblick ab Offenburg, hier: A: Offenburg; B: Neuf Brisach;
(die Buchstabierung hat kartentechnische Gründe)

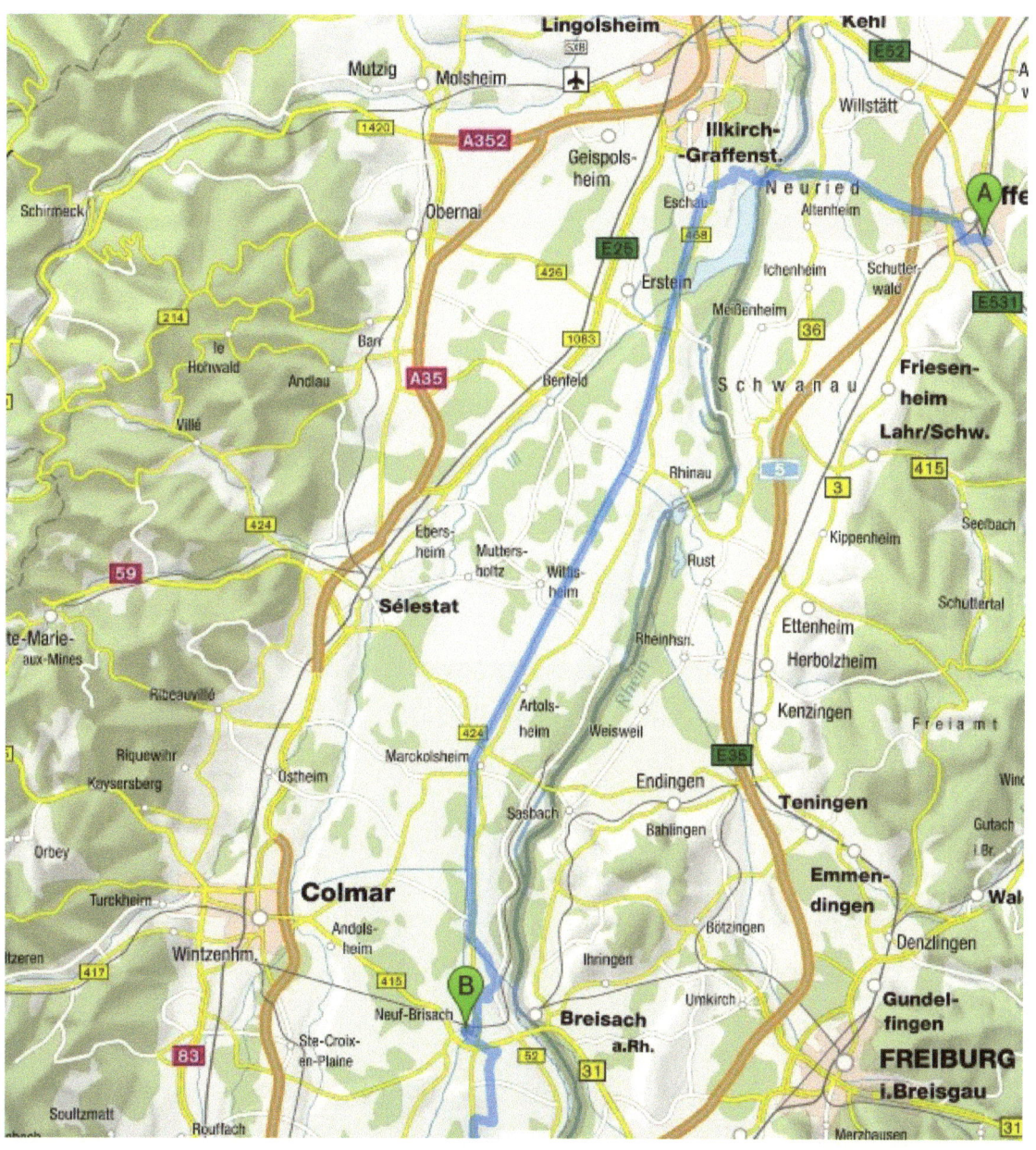

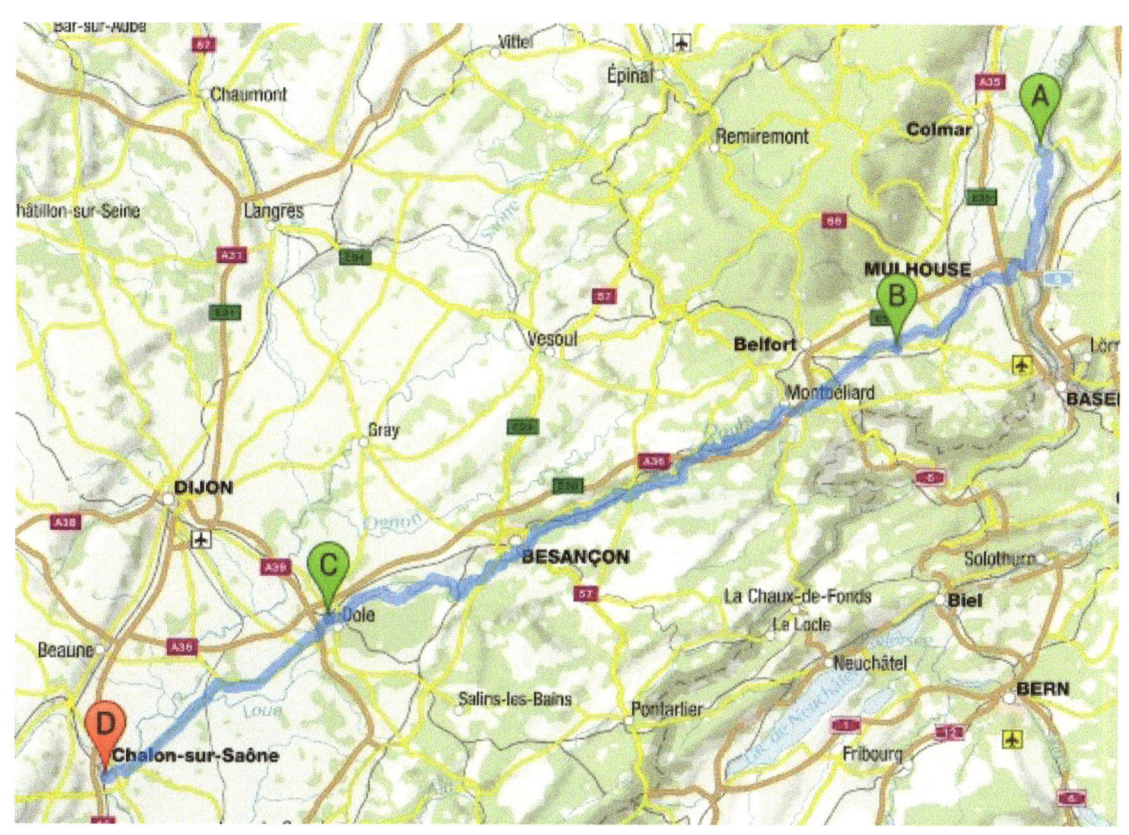

hier: B: Dannemarie; C: Dole, D: Chalon;

E: Tournus; F: Anse;

H: Châteauneuf-du-Pape, I: Avignon.

Für Nachahmungstäter:

	km
Offenburg	70
Neuf Brisach	79
Dannemarie	71
Baume-les-Dames	82
Fraisans, bei Dampierre	69
Dole	25
Chalon-sur-Saône	66
Macon	61
Anse	44
Contrieu	76
Charmes-sur-Rhône, hinter Valence	79
Châteauneuf-du-Pape	113
Avignon	17

Mehr Infos unter:
https://walter-hornbach.jimdo.com/

Herstellung und Verlag:
BoD - Books on Demand, Norderstedt
ISBN 978-3-7431-2479-0